Cyrill M. Kniazeff
Wurzelfrucht
Erzählungen und Parabeln

Ausgewählt
und aus dem Russischen übertragen
von
Barbara von Koschin

Wir danken
Anne Alifanoff-Kniazeff
für die freundliche Genehmigung
zum Abdruck aus dem
Nachlaß ihres Vaters.

© Atelier Verlag Andernach
Alle Rechte vorbehalten
ISBN 3-921042-45-3
Grafiken von Jochen Röder: Titelseite, S.43,
S.63, S.100, S.111, S.125
Satz & Repros: ReproTec GmbH, Andernach
Druck: Oertel Druck GmbH, Andernach

Inhalt:

Regen	5
Wind	22
Abfahrt	38
Phantasie	50
Geschlossene Tore	53
Wasserwege	56
Nachtweide	62
Wurzelfrucht	64
Der Erlöste	91
Wegbiegungen	94
Berggewitter	99
Zwielicht	105
Kloster Rosay	108
Herbstlaub	112
Eintöniges Licht	114
Spiegelung	117
Quintett	121
Letztes Lied	123
Etüde	126

REGEN

Es war heiß, doch ohne drückende Schwüle oder gewittrige Spannung. Am Nachmittag zog schnell und unbemerkt eine Wolke auf, sie wuchs und nahm Gestalt an. Überrascht sah man sie erst, als sie mit ihrer mondähnlichen Oberfläche und starken milchigen Weiße, die hier und da dunkle Flecken wie Muttermale zeigte, am Himmel aufzog, ganz Nebel und damenhafte Leichtigkeit. Die unermüdliche Sonne brannte mit ihrem gleißenden, gelben Feuer, durchbrannte sie und schien durch sie hindurch auf die Erde. Plötzlich schlängelte sich in die milchige Weiße ein elektrisches Würmchen, blasser und dichter als das Sonnenlicht. Der Tenor eines nahen Donners krachte, ohne Widerhall mit einem kurzen, dumpfen Schlag am Ende, und sofort fiel schon der Regen mit silbernen Nadeln zur Erde. Die Sonne schien weiter, und die Regennadeln blitzten auf mit spiegelnden Lichtreflexen. Und dort, wo die Sonnenstrahlen sich mit den Regenlinien kreuzten, standen in der Luft, die Spitzen nach unten, zitternde, goldene Winkel. Die Erdoberfläche kochte, sprühte und brodelte. Ganz unten am Haus einen Busch beschnittenen Weißdorns streifend, schien der Fetzen eines nebligen Regenbogens zu hängen. Begeisterung ergriff die Vögel. Auf den Bäumen unter den schützenden Blättern zwitscherte, tirillierte, sang es überall. Und lebhafte Spatzen flatterten und flogen sogar unter dem Regen, streuten Fächer aus Regenspritzern um sich und verbargen sich wieder im Blattwerk, unter dem Gesims des Hauses, und in fröhlicher Ausgelassenheit tschilpten sie aus voller Kehle. Laut und vielstimmig krähten die Hähne. In einer Bodensenkung beim Haus lief schnell in Blasen und mit Plätschern eine brodelnde Pfütze zusammen, und zu ihr eilte schon sachkundig, mit wackelndem Schwanz, ein schlauer wohlbeleibter Enterich mit einem weißblauen Strich auf den Flügeln und schillerndem Goldgrün im dunklen Blau auf Kopf und Hals. Ihm folgten ein ganzer Schwarm dicker, watschelnder, schnatternder Enten, dann ein junger, unbedeutender Enterich mit langem Hals und weißen Augen. Danach kam die Entenjugend, hastig, abgerissen näselnd, versuchten die jungen Enten einander zu überholen, glitschten auf ihren schwachen, gummiartigen Füßen, verloren jeden Augenblick das Gleichgewicht und stürzten mit der Brust auf die Erde. Mit Mühe gelangten sie zur Pfütze, erhoben einen Heidenlärm, schlugen mit den Flügeln, steckten den Schnabel ins Wasser, ließen Blasen heraus, tauchten ihn wieder schnell ein, ohne Pause, ungefähr zehnmal. Außer Atem gekommen hielten sie eine Minute lang an, um von neuem verzückt den Schnabel aufzureißen; und von ihrem Kopf liefen dunkle Wasserrinnsale.

Der Regen hörte plötzlich auf, gerade wie abgeschnitten. Es schien, als ob die Regennadeln an ihren oberen Enden aufblitzten, während sie in die Erde wegliefen.

Duftend wurde die sommerliche Erde. In verschiedenen Abstufungen zogen die Düfte auf und erfüllten die Luft. In die Fenster drang der Duft aus dem Blumengarten; es roch nach faden Levkojen und Reseda, nach der Sonnenwärme des Heliotrop, der dürren Herbheit der Kapuzinerkresse, der starken, stetigen Süße der Rosen, den österlichen, nach Kardamom duftenden Päonien, und wie die Verkörperung des reinen Sommers war da noch die kindliche Fröhlichkeit, der reine, klare, lebhafte, hier und dort auftauchende, springende Ball des Geruchs der aromatischen Erbse, der sich versteckte und von neuem heraufzog. In die anderen Fenster kam aus dem Park ein Strom schwererer Düfte. Es roch nach würzigem, staubigem Gras, den süßen, klebrigen Linden, nach dem gutriechenden, wohlschmeckenden Apfel, den Ahornblättern und den heilig bitteren Pappeln, nach der Feuchtigkeit der Alleen und sogar nach der lieben, wehmütigen Oktober-Fäulnis des vorjährigen Herbstes.

Von den Bäumen und den Gebäuden fielen von Sonnensaft glänzende Regentropfen. Das Entenbachanal war beendet, die Pfütze verlassen, nur ein paar leichte Federchen trieben auf dem Wasser. Der Regen

hörte bald auf, und die Kinder auf der Veranda wußten nichts Sinnvolles anzufangen. Die vorgeschlagenen Spiele mit Farben kamen nicht in Gang. Sie wollten nicht miteinander spielen. Der in der Sonne glänzende, laute Regen begeisterte sie.
Es zog sie aus dem Haus in die Nässe, ein jedes mit seinem eigenen Spiel. Und alle drängelten sich ungestüm an den Verandatüren. Dort entstand eine Stockung. Dreier- und Vierergespanne, sich plötzlich entfernende Kutschen, kühne Amazonen auf zweibeinigen Pferden und mutige, flügellose Riesensperlinge mit kurzen Haaren und Löckchen hatten sich in ihrer Phantasie gebildet. Zwischen sie schlich sich ein Chauffeur ein, der am Bauch ein unsichtbares Lenkrad drehte und gezwungen war, jede Minute den Rückwärtsgang einzulegen. Sie folgten streng der Ordnung. Der kleine Pawel in seiner Rolle als Sperling sprang hinaus und rieb sich die Hände im Regen, stand dann zur Strafe in der Ecke; auf der weißen Bluse und der blauen Hose waren Tüpfelchen von Regentropfen wie Pocken. Er wurde ertappt, obwohl er das Zauberwort "Kuki" gesagt hatte, das ihn unsichtbar machen sollte. Und dort in der Ecke, von den anderen unbemerkt, vollzog sich eine geheimnisvolle Metamorphose. Pawel verwandelte sich aus der Vogelgestalt in ein Pferdchen, nur war noch nicht endgültig entschieden, ob in ein fröhliches Beipferd oder in ein wildes, unbändiges Steppenpferd. Im Mund war schon der metallene Zaum zu spüren, dann verschwand er wieder, die Augen schielten schon pferdeähnlich, aber die Strafe, in der Ecke zu stehen, band ihn streng auf einem Fleckchen Erde im Feld fest. Und er sah sich selbst jetzt so wie eine Schachfigur mit Pferdekopf auf unbeweglichen Beinchen.
Aber es war nicht nur die Strafe mit dem Zaum, die ihn in diesem unvollständigen Zustand ließ, auch sein schweigsamer Nachbar, das halbhohe Büffet, lenkte ihn ab. Draußen war alles vom Regen in Bewegung gekommen, auf der Veranda liefen und sprangen die Kinder umher, schoben und stießen die Stühle. Nur das halb-

hohe Büffet, breit, niedrig, dickbauchig, gefüllt mit Marmelade und Kuchen, stand andächtig und gesammelt und betete offensichtlich heimlich zum lieben Gott, um sich zurückhalten zu können und nicht zu stören. Eines der Kinder auf der Veranda, der Knabe Leonid, ging weg in das Nachbarzimmer und begann aus Stühlen eine Kutsche zu bauen und spannte ein Dreigespann vor für eine unheimliche, nächtliche Reise in ein Unwetter. Aber das war ein langes herbstliches Spiel für einen ganzen Tag und verlangte völlige Einsamkeit. Er kam nicht dazu, die Vorbereitungen zu beenden, als der Regen aufhörte. Bis dahin hatte er sich mit den Pferdeschwänzen zu schaffen gemacht. Er befestigte Handtücher und band sie zu einem Knoten, wie man es bei Regen machen mußte. In der Kutsche unter einem rotkarierten Plaid verbarg sich die kleine Tafa mit der riesengroßen Puppe Tafa und einem weichen Bär, der ebenfalls Tafa hieß. Leonid ließ sie in der Kutsche, bis jetzt störten sie nicht.

Die Gouvernante der Gäste, eine Französin, die während des Regens mit den Kindern auf der Veranda geblieben war, sang, am Fenster sitzend, ganz leise ein Lied: "Il pleut, il pleut bergère, presse tes blancs moutons." Ihr Gesicht nahm augenblicklich einen träumerischen Ausdruck an. Sie sah durch das Liedchen hervorgerufene Bilder vorbeiziehen: spielende, gekrauste Wölkchen, eine friedliche, sanfte Herde, eine Hirtin, die sorglos die Schafherde treibt im pudrigen Staub des von Platanen gesäumten Weges. Ein dünner, feiner Regen, der unmerkbar zu tröpfeln beginnt und stärker wird. Und nun beeilt sich die Hirtin, voll Sorge müht sie sich ab. Bestimmt, doch liebevoll klingt ihre Stimme über der Herde, über den von der Nässe schwerfällig gewordenen Schafen. Obwohl im Liedchen auch das Wort 'tonnère' vorkam mit seinem unausbleiblichen Gefährten 'orage', stand es hier nur, damit es sich reimte mit 'bergère'. Der lebhafte Inhalt des Liedes sprach davon nicht, und 'tonnère' verblaßt, verschwindet in der beständigen, geruhsamen Monotonie des Gesangs, von ihm bleibt nur ein Rhythmus - für den Ton, das Maß und Gleichgewicht. Der Inhalt des Hirtenliedchens war banal, typisch: Unvermeidlich erscheint da ein besorgter Kavalier und eine idyllische Hütte, der Hort abgedroschener, französischer Hirtengalanterien. Mehrere Male schlug die Französin den Kindern vor, gemeinsam das Lied mit ihr zu singen, alle kannten es, doch vergeblich. Und wirklich, was gab es Gemeinsames zwischen ihm und diesem Regen-Feiertag, dem funkelnden, im Übermaß leuchtenden, regenbogenfarbigen, mit dem Tympanum des Donners und dem daran teilnehmenden Chor der Vögel. Die Kinder waren davon ausgeschlossen, und wegen der vielen, nicht zu verwirklichenden Wünsche langweilten sie sich, schauten zur Tür, zu den Fenstern hinaus, gegen die mit Gesumm Fliegen schlugen, oder verfolgten, wie auf der Zimmerdecke große, dünne Mücken unsicher auf langen, eckigen Beinen gingen.

Als der Regen endete, klärte der Himmel schnell auf, und er spiegelte sich in den Pfützen vor der Veranda so fröhlich und rein, gerade als ob die Erde durchlöchert wäre, aufgerieben vom Regen, und aus den Löchern guckte derselbe Himmel hervor wie über der Erde. "Spazierengehen! Wir wollen spazierengehen!" riefen die Kinder, aber man ließ sie nicht gleich hinaus, es war zu naß. Schließlich wurden Galoschen, Joppen, Jacken, Umhänge gebracht, aber da viele Sandalen trugen, mußte man die Sandalen entweder gegen Galoschen oder gegen Schuhe auswechseln, das hielt noch auf. Nach langen Vorbereitungen schritt ein Konvoi von Gouvernanten hinaus und, angesichts der Nässe und der vielen Pfützen, die eine ganze Seenlandschaft bildeten, führten sie die Kinder auf einen geordneten Spaziergang, wodurch von vornherein Spiele und die Versuchung, hin- und herzulaufen, vermieden wurden. Mit welchem Neid sahen die Kinder, als sie am Waschhaus vorbeigingen, wie Dunjka und Nataschka in einer riesengroßen Pfütze spielten. Lustvoll stapften sie mit hochgehobenen Röcken in der warmen Wasserlache umher. Nataschka stand oft auf dem rechten Bein und tastete mit dem linken den Boden ab, wühlte ihn auf, und der dicke, schwere Bodensatz der Pfütze wurde hochgewirbelt. Dunjka hielt sich näher am Rand auf, wo es nicht so tief war, versuchte mit den Zehen ein aus dem Wasser herausragendes Riedgras zu fassen, hob das Bein hoch und ließ den Halm zwischen den Zehen hindurchgleiten. ... Sie riefen einander zu: "Natasch!" „Dunjk!" und lächelten sich fröhlich an. Die armen Konvoispazierer gingen trübselig an den Glücklichen vorüber.

Pawluscha, den Mademoiselle nicht von der Hand ließ, versuchte zweimal mit seinem Huf - jetzt war er ihm schon angewachsen - auszuschlagen und gegen einen Maulwurfhügel zu treten, um den herum kleine Pfützen waren, und Dunjka zwinkerte ihm schon mit einiger Koketterie zu und rief neckisch: "Da guck mal, Wasser muß in das Maulwurfsloch laufen, Maulwurfbader", und sie kicherte. Jedoch Pawluscha vergaß die Maulwürfe und galoppierte schnell, den Kopf zur Seite gedreht, als Beipferd vorüber, dabei hielt ihn die Gouvernante, die gezwungenermaßen den Schritt beschleunigen mußte, wie ein guter Pferdeknecht.

Vom Wirtschaftshof waren fröhliche Kinderstimmen zu hören. Hier lief Leonid fort zum Zaun, zog die anderen mit. Die Gouvernanten waren dieses Mal einsichtsvoll, gaben nach und gingen auch zur Umzäunung, die den Wirtschaftshof vom Park trennte. Auf einer langen, noch feuchten Bankschaukel, die in der Mitte fast den Boden streifte, saß, wie Schwalben dicht nebeneinander schaukelnd, eine Reihe der Gesindekinder. Schon größere Mädchen brachten die Bank in Schwung. Vor diesem Auditorium stand ein weißblonder Junge von ungefähr zwölf Jahren. Er rief "zwei mal zwei, drei mal vier!" Ihm wurde mit lautem Schreien geantwortet. Diejenigen, die die Multiplikationstabelle schon auswendig wußten, strengten sich an, die anderen zu übertönen, schrien absichtlich falsch, und der Ausdruck ihrer Mienen gab zu verstehen, daß es absichtlich war.

"Fünfundvierzig, hundertsieben, achtundneunzig!" Andere lärmten nur, ein Mädchen antwortete bemüht immer richtig, ein anderes, sehr dickes, lächelte gönnerhaft und schwieg. Dem Lehrer stand ein rothaariger, zerzauster Junge bei. Von Zeit zu Zeit lief er von hinten auf ihn zu und gab ihm einen Fußtritt. Dann beugte sich der Lehrer nach vorn, schaute sich erschrocken um und tat so, als verstünde er überhaupt nicht, woher der Schlag käme. Alle krümmten sich vor Lachen. Danach von neuem "sieben mal neun, zwei mal drei!" Ein Knirps im Hemd, ohne Hosen, rutschte mühsam von der Bank, ging zum Lehrer, legte den Kopf nach hinten und schaute nach oben zu ihm auf, machte sich wichtig. "Drei mal sieben, fünf mal fünf" piepste der Knirps, "fünfundfünfzig, zweihundertsechs, dreihundertsieben!" grölten die anderen. Auf einmal, plötzlich, merkten sie, daß sie beobachtet wurden. Der Lehrer, der einen Schlag erhielt, erschrak nicht mehr; sie hörten auf, ihm zu antworten. Afonjka, der lauter als alle anderen geschrieen hatte, stand beim Anblick der kleinen Herrschaften sofort von der Bank auf und ging zur Seite weg. "Sie werden ungezogen, es ist genug mit dem Unsinn", und würdevoll ging er zur Molkerei. Ein ernstblickendes Mädchen stand auch auf und nahm ein unglaublich kleines, in ein großes Tuch vermummtes Kind an die Hand. Dann machte sich die ganze Schar auf den Weg, und alle gingen schnell weiter in den Hof hinein, zu den Speichern. Im Vorbeigehen grüßten sie verlegen und gleichzeitig mutwillig. Eines der größeren Mädchen faßte ein anderes um den Hals, fing an, ihm etwas zuzuflüstern und drehte sich kichernd um. Nur der Knirps bemerkte die Veränderung nicht. Er folgte dem Lehrer mit Mühe und versuchte immer noch, ihm einen Fußtritt zu geben. Aber es war zu hoch, das Beinchen kam nicht nach oben und erreichte nicht sein Ziel. Schließlich schlug er, um sich zu entschädigen, mit der kleinen Faust nach dem Lehrer.
Leonid schaute den Gesindekindern nach und überlegte, worüber diese dummen Mädchen wohl kicherten:

"Ich weiß schon", dachte er, "wahrscheinlich sagen sie: ´Jetzt sind die Herrchen gefesselt, sie dürfen nicht in die Pfützen´, oder schwatzen irgendwelche andere Dummheiten."
Auf dem weiteren Spaziergang gingen alle schon in die entgegengesetzte Richtung, die schattige Allee entlang. Leonid blieb zurück, hielt sich am Hoftor auf. Von der Allee rief man: "Vous venez, où êtes-vous?" "Me voilà", antwortete Leonid und schaute weiter in den Hof, ohne sich zu rühren.
Leonid blieb stehen. Gerade kam man von der Post zurück. Burja, die Stute, die geritten wurde, um Briefe und Zeitungen zu holen, war schon ausgespannt und in den Hof gebracht. Der Kontorangestellte ging mit der Posttasche ins Haus. Diese Burja war sehr bösartig, im Stall wütete sie ständig, oft konnte man sie nur in einem abgetrennten Verschlag im Zaum halten. Die Pferde mieden sie, die Mutterstuten ließen sie nicht nahe an die Fohlen heran. Aber sie selbst betrachtete sich als die beste und unermüdlichste Arbeiterin. Ihr Name "Sturm" paßte trefflich zu ihr.
Jetzt rupft sie voller Bosheit das Gras, geht böse hin und her. Von weitem sieht sie ein Weib, legt die Ohren an, schüttelt das Maul, wendet sich ihm zu, aber das Weib geht in das Gesindehaus, und Burja kehrt zurück. Sie trifft auf die Telega, wo sie eben angeschirrt war, und wieder mit angelegten Ohren, geblähten Nüstern galoppiert sie dorthin zurück, schlägt aus voller Kraft mit den Hufen gegen die Deichselgabel und läuft in leichtem Trab davon.
Leonid, den Burja nicht bemerkt hatte, stand schon mitten im Hof. Von der einen Seite her war jetzt das Sprechen und Lachen der sich entfernenden Spaziergänger kaum noch zu hören. Nun war hinter den Speichern Gelächter, dort waren die Gesindekinder. Leonid ging in die andere Richtung. Im Hof befanden sich nur noch Leonid und Burja. Sie schien sich beruhigt zu haben, "hatte abgelegt die Werke der Finsternis", wie der Diakon, der Katechismuslehrer, sagte und rupfte das vom

Regen gesättigte, dicke Gras. Leonid schaute sich um, vergewisserte sich, daß niemand da war und ging dann schnell und entschlossen mit klopfendem Herzen von hinten auf das Pferd zu. Burja scheute vor ihm zurück auf die Seite und stand augenblicklich still. Sie schielte rückwärts und warf konvulsivisch den Kopf auf und nieder, etwas wespenartig Stechendes lag in ihrem Ausdruck. Mit eng zurückgelegten Ohren begann sie plötzlich auszuschlagen. Die Hinterbeine flogen krampfartig hoch, wie bei einer Krankheit. Die Hufe schlugen, blitzten seitlich ganz nahe auf. Einmal streifte das Ende des Hufs Leonids Nasenspitze. Er stand und wartete. Plötzlich erhielt er einen Schlag und dann noch einen zweiten dazu. Er fiel in das feuchte Gras, stand sofort auf, verlor den Atem, fiel wieder hin und sah, wie Burja in leichtem Trab von ihm fortlief. Im selben Augenblick verdunkelten flimmernde Kreise und schwarze Flecken seinen Blick. Dann waren Schreie zu hören. Er sah die Melkerin Awdotja und ihre Helferin Ulita. "Er hat sich totgeschlagen! Er hat sich totgeschlagen!" schrieen sie und hoben ihn auf. Er konnte nicht atmen, öffnete und schloß den Mund. Für Augenblicke kam der Atem zurück und setzte wieder aus. Sie wollten ihn tragen, aber er erlaubte es nicht. Entschieden verneinte er mit dem Kopf, sprechen konnte er noch nicht. Sie führten ihn am Arm, "Er hat sich totgeschlagen, er hat sich totgeschlagen, und der Arm ist abgestorben!", jammerte Ulita und hielt stützend seinen Arm. Leonid versuchte sich zu befreien, aber im Bauch und in der Brust schmerzte es, gerade als ob dort ein riesiger Zahn hervorbräche. Ja, und die Weiber stützten ihn nicht nur sorgsam, sondern hielten ihn fest wie eine Beute. Doch Burja, am anderen Ende des Hofes, hob friedlich den Kopf vom Gras hoch, und es schien, daß sie ihm voller Mitgefühl nachschaute, als wäre da ein fremdes Unglück geschehen, zu dem sie keinerlei Beziehung hatte. Zum erstenmal spitzte sie ihre Ohren, als sei sie auf der Hut, so scharf und teilnahmsvoll, und dies paßte gar nicht zu ihrem bösen Ausdruck, so daß es schien, als seien ihre Ohren künstlich aufgesetzt.

Inzwischen wurde der Spaziergang unter der Leitung der Gouvernanten fortgesetzt. Sie gingen über die Felder auf einem offenen Weg, wo es trockener war. Die Umhänge, Joppen und Jacken waren längst schon ausgezogen und über den Arm gehängt. Es wurde wieder heiß. Völlige Windstille herrschte. Die leichte mondhafte Kühle war nur wie eine flüchtige Geistererscheinung seltsam gekommen und seltsam wieder entschwunden.

Leonid erschien im Haus, an den Armen gestützt und geführt von den Weibern, die sich mit Ach und Weh, laut jammernd und klagend um ihn mühten. Die dadurch hervorgerufene Aufregung wurde durch scheinbare Kälte und sogar einige Gleichgültigkeit sorgfältig verborgen, was ihn jedoch nicht täuschte. Man tastete seine Rippen ab, legte ihm eine Kompresse mit Arnika auf den Leib, bettete ihn auf den Diwan und nötigte ihn, süße Körnchen einzunehmen. Im Hause herrschte die Homöopathie. Eine leichte Strafe wurde ihm angekündigt - keine Süßigkeiten. So lag er eine halbe Stunde, schlich dann unbemerkt wieder auf den Wirtschaftshof, stieg auf seine geliebte alte Stute Lentotschka, die jetzt gerade für den Verwalter gesattelt war. Leonid führte sie soweit wie möglich an den Pfützen vorbei, ließ sie im Trab laufen, und trotz ihres erstaunlich leichten Gangs war da die ganze Zeit in seinem Leib ein unangenehmes Spiel wie von elektrischen Schlägen. Er wurde sehr schnell entdeckt, ins Haus zurückgebracht, von neuem bestraft, aber noch leichter, nur der Form halber - zehn Minuten auf dem Diwan zu sitzen. Dort blieb er, und als die Straffrist vorbei war, legte er sich hin, so war es weniger schmerzhaft. Den ganzen restlichen Tag blieb er allein. Die anderen Kinder ließ man nicht zu ihm. Als sie von ihrem Spaziergang zurückkehrten, hörte er ihre zuerst fröhlichen, dann leisen, erschrockenen Stimmen, ein Flüstern vor der Tür, das Verbot zu ihm hineinzugehen, die sich entfernenden Schritte. Er las zerstreut in einem Buch "Das Geschenk der Cäsaren", aber angenehmer war es, auf die entfernten Stimmen im Haus zu lauschen. Die

Kinder gingen noch einmal aus dem Haus und kehrten wieder zurück. Der Klang ihrer Stimmen wechselte mit der Entfernung. Bald hörte man sie in den hallenden Zimmern des gegenüberliegenden Hausflügels, wo sie gewöhnlich spielten, dann wieder im Wohnzimmer, dem gedämpften Diwanzimmer, oder in dem widerhallenden Saal. Das nahe Eßzimmer antwortete auf ihre Stimmen mit dem Klirren der schon auf den Tisch gestellten Gläser, des Kristalls, des Silbers, des Porzellans.

Pawluscha begann auf dem Klavier zu spielen, bemüht deutlich, ohne Pedale. Er spielte Tonleitern, Läufe und zweimal hintereinander ganz einfache, kindliche, klar umrissene Lieder. Und die wie in Wellen frei dahinfließende Zeit mit dem nur zuweilen unterbrechenden Klang der Uhren, dem Kratzen der weit entfernten Pendel, all das fügte sich ein in den Rahmen dieser lieben kindlichen Musik. Der leise, dumpfe Widerhall im Saal, die Rufe der Spiele, machte glauben, die Zeit ließe sich herab zu dem Klavierspiel, zu seiner Einteilung, seiner Ordnung. Doch dessen ungeachtet zog sie daher, frei und mächtig. Ein großer, ausgedehnter, heller, erfüllter Kindertag ging zu Ende.

Leonid aß allein zu Mittag - er bekam Bouillon und Rote Grütze und legte sich früher schlafen als die übrigen. Die schweren Vorhänge waren zugezogen, und er blieb in völliger Dunkelheit. In seiner Seele breiteten sich Stille und frohe Sanftheit aus. Es schien, als nähre er sich davon, und er rührte sich nicht, um beides nicht zu verlieren. Das dauerte lange so. Dann fing er an, ruhig und ohne Erregung über den Landstreicher nachzudenken, der vor Tagen unter dem Fenster gestanden hatte. "Ein Siecher, ein Siecher bin ich, meine Herrschaften!" hatte er gerufen, indem er seine Worte mit bekümmertem Nicken des Kopfes begleitete. "Ein Siecher, Herrin!" rief er, als er jemanden am Fenster erblickte. Er wurde auch mit Homöopathie behandelt und in die Gesindeküche geführt, gegen Abend brachte man ihn ins Krankenhaus. Das Krankenhaus schien etwas Schreckliches zu sein, wie ein Gefängnis. "Ich will ein Bettler sein, ein Obdachloser", sagte Leonid laut und lauschte seiner Stimme, aber das von ihr verbliebene Echo währte nicht lange und ging verloren. Danach fuhr er schon in Gedanken fort: "Ich falle krank in den Straßenstaub, aber auf dem Feld ist niemand, und es ist menschenleer. Und wenn sogar Engel vorbeigehen und zu mir kommen, um mich mit himmlischer Zärtlichkeit zu trösten, jage ich sie mit der Gerte weg wie Hühner. Ich will keinen Trost." Aber trotz dieser Gedanken blieb es in seiner Seele ruhig und friedvoll.

Man kam, um ihm Gute Nacht zu sagen. Im Zimmer wurde es für eine kurze Zeit hell, man bekreuzigte ihn, befühlte seinen Kopf, küßte ihn auf die Stirn - er lag mit geschlossenen Augen und stellte sich schlafend. Er erinnerte sich, wie man ihn im Frühjahr vor den Examen in die Kasanskij-Kathedrale brachte. Ein Gottesdienst für Schüler wurde gehalten, bei dem er überhaupt nicht betete. Am Ausgang zog er seinen Geldbeutel hervor, viele Bettler waren unter den Kolonnaden, und sie umringten die Gottesdienstbesucher wie Tauben, denen man Futter hinwirft. Leonid blieb zurück, und plötzlich war er allein zwischen ihnen. Zum größten Teil waren es alte Frauen, einige gutmütig. Eine sagte zu ihm: "Gebe dir Gott, Lieber, daß du alle deine Examen bestehst." Andere schienen nicht freundlich zu sein, sondern sogar furchterregend.

Er erblickte das hohe, dunkle Halbrund der Kolonnaden, das sich deutlich vom frühlingshaften Himmel abhob, dann wurde es vor ihm verdeckt. Aber da waren rings um ihn herum überall riesige Säulen, umzogen von langen, schmalen Streifen des jungen Frühlingshimmels. Der Frühling weckte in der Luft irgendwelche innere verborgene, aber wahrnehmbare Keime, und mit ihm zusammen verjüngte sich die Luft. Der ganze Frühling war in ihr zu fühlen, und er bewahrte seinen ungestümen Schalk sogar hier in der grandiosen, überdachten Vorhalle, deren steinerne Großartigkeit die fünfmonatigen Vorräte der winterlichen Kälte gleichsam gehortet hatte. Und das Reden der Menschen und die Schritte der Beter tönten in dieser Luft fröhlicher und klangvoller, und ihr Echo wanderte munter um die Kapitäle der Säulen und unter den Bögen hindurch wie ein aus Kinderhänden entschlüpfter bunter Luftballon.

Kindheit. Für Leonid zeigten sich schon ihre Grenzen, und es erhob sich das flammende Schwert, ihm den Zutritt zu verwehren. Die Regenbogenfarben der Kindheit leuchten an dieser Grenze noch einmal besonders durchdringend klar auf, bevor sie im weißen Feuer dieses Schwerts zerschmelzen, das die Kindheit abschneidet und auf die kommende Einsamkeit des Knabenalters und sein einzigartiges Einsiedlertum weist, das verschiedene Formen annehmen kann, im Kern aber festliegt. Da ist die Frage: warum, warum ?

Er schaute um sich, traurig und aufmerksam. Inmitten der alten Frauen stand am Fuß einer Säule ein Alter in Zivilkleidung, mit einem Ordenskreuz am Band und mit einer tönernen Tasse in seiner zitternden Hand. Leonid gab ihm einen großen kalten Rubel, schwarze Flecken waren zwischen der geprägten Figur des Adlers und dem schon abgegriffenen Profil des Zaren - alles, was im Geldbeutel geblieben war. Der Alte schaute ihn an und sagte ernst: "Ein Augenblickchen, sofort, ich habe etwas für dich, Herrchen." Er zog aus seiner Tasche irgendwelche Papierchen, setzte die Brille auf und fing an, sie zu betrachten, hielt sie dabei ganz nahe an die Augen. Er riß eins ab, murmelte dabei "Nun, nur dies jetzt, mehr ist nicht nötig" und riß mit stark zitternden Händen den unteren Rand schräg ab, faltete mühsam den oberen Teil und reichte es Leonid. Danach legte er ihm schüchtern die Hand auf die Schulter, er fühlte wie sie zitterte, und sagte: "Möge in dir die gesegnete Frucht der Demut erblühen, nicht die weiche, weibliche, die der kindliche Geist nicht einmal versteht, sondern die männliche Frucht, stark und einfach." Hier änderte er plötzlich den Ton und streng, aber gleichzeitig doch höflich, sagte er: "Geh, geh; geh in Frieden, Knabe, zu den Deinen." Jetzt wurde Leonid aus der

Menge der Bettler herausgeholt, und sie fuhren ab. Das Papier verbarg er im Geldbeutel. Er las es nicht nur einmal und kannte es bald auswendig. Manchmal deklamierte er es sogar, wenn er "Kirche" spielte. Aber es zu entziffern war schwierig, die Schrift war seltsam und der Buchstabe L irgendwie gebogen mit Schlingen oben. Dort war geschrieben: "Möge deine Seele nicht wie ein Bergbach sein, durch den manchmal das lebenspendende Wasser der Demut strömt, und der manchmal austrocknet von der Hitze des Ruhms und des Hochmuts, sondern wie eine Quelle der Unsterblichkeit, die allzeit aus sich herausströmen läßt den Fluß der Armut."

Er liebte es, sich diesen Fluß der Armut vorzustellen, wie etwas unendlich Trauriges, zu Bedauerndes und Hoffnungsloses, mit drohender, hungriger Einsamkeit und tödlicher Leere, doch der, wenn er ihn annahm, ihm unerwartet Kühnheit schenkte, eine fast kämpferische, chevalereske, sogar matrosenhafte Schneidigkeit, standhafte Begeisterung wie die kalte Stärke eines fest zusammengepreßten Schneeballs.

Er dachte auch weiter über diesen Fluß nach, daß er von den Mauern des Hauses nicht aufzuhalten sei wie der Herbstwind oder wie ein Schneegestöber, die den Zimmern und warmen Betten Behaglichkeit verliehen, sondern überallhin eindrang, hindurchbrach, den Menschen durchtränkte und ihn in die Unbehaustheit führte. Dann war es schon wie im Traum. Was ist das, diese Unbehaustheit? In einer Vorahnung fühlte man sie von Zeit zu Zeit an der Tür vor dem Treppenhaus stehen, aber in das kindliche Bewußtsein drang nur ein schwacher, schimmernder Widerschein, der sich in die liebe Ordnung vieldeutiger Schatten eingenistet hatte. Was waren das für Schatten? Zu wem sie gehörten, war nicht zu erkennen, war unverständlich und erweckte Neugierde, aber dem kindlichen Geist prägten sie sich nicht ein, blieben nicht in Erinnerung, sondern gingen, wie eine Fata Morgana, undeutlich aufschimmernd, verloren.

Im Korridor waren von neuem sich nähernde Schritte zu hören, und Leonid dachte: "Das ist Disischa." Sie beugte sich mit Mühe nieder, küßte ihn auf die Stirn und auf die Wange, und im Hinausgehen sagte sie: "Vous êtes encore un petit garçon, un très petit garçon."
Im Haus wurde es ganz still. Die Erwachsenen gingen zum Abendessen in den Pavillon. Leonid lag weiter unbeweglich, aber die vorherige Freude war verschwunden. Der Kopf wurde bleischwer, das Herz schlug stärker, dann quälten ihn immer heftiger werdende Anfälle von Übelkeit, die dazu im Sonnengeflecht Schmerzen auslösten. Schließlich sprang er auf, gelangte bis zur Waschschüssel und beugte sich darüber, hielt mit den Händen seinen schweren, kraftlosen Kopf. Danach rieb er sich mit Eau de Cologne ab und wusch das Gesicht mit einem feuchten, zerknüllten Waschlappen, putzte lange die Zähne und spülte den Mund. Er war versucht zu läuten, versagte es sich aber. Aus der Schüssel roch es nach bitterem, parfümiertem, zerdrücktem Zahnpulver. Leonid wollte sie selbst hinaustragen, und matt auf schwachen Beinen trug er die schwere Porzellanschüssel durch die vom Mondlicht erhellten Zimmer. Es leuchtete schon in viele Räume und drang bis in die tiefste Tiefe des Hauses.
Leonid ging in den menschenleeren Garten hinaus zu einer Bank, stellte die Schüssel von sich entfernt auf die Erde und setzte sich. Der Mond schien überall. Das war schon nicht mehr der scheue Glanz des neuen Mondes, das war der einer Mondherrscherin, einer Mondjungfrau, einer Mondkraftfrau, die hart arbeitet mit der Schwere von Ebbe und Flut.
Der Mond stieg frei am Himmel hoch. Der Mondmittag brach an. Im Garten waren viele Blumen geschlossen, andere neigten sich zur Erde - das schwere, kreidige Licht zog sie nicht an. Am Rande des Parks stand wie ein von innen erleuchteter Bienenkorb, strahlend vom warmen Licht der Lampions der Pavillon, in dem die Erwachsenen zu Abend aßen. Von dort aus kam ein

Schwall von fröhlichen Gesprächen und von Lachen, dann wieder eine Welle der Stille. Anscheinend versuchte der Mond hier, unter der Glocke des Pavillons Ebbe und Flut in Zimmergröße zu schaffen. Leonid goß seine Schüssel seitlich in das Gebüsch und schleppte sich zum Haus. Als er über die breite Treppe der Terrasse hinaufstieg, erblickte er plötzlich in der Tür zwei weiße, kleine Gestalten. Beim Näherkommen sah er schlaftrunkene, ernste Gesichter zum Mond hinaufblinzeln. Das waren Tafa und ihr älterer Bruder Pawluscha, der Maulwurfbader. Er rieb mit der Hand seinen gekämmten, flaumigen Bürstenhaarschnitt auf dem Kopf und es schien, daß er staunte, wie er hierhergeraten war. "Lisanka", rief Leonid Tafa zu - das war ihr eigentlicher Name - "komm zu mir", er nahm sie bei der Hand und trug sie dann - eine warme, wohlige Bürde - soviel bequemer und angenehmer als die kalte, glatte Schüssel. Pawluscha ging nebenher, hielt sich vorsichtig an Leonids Hemd und schaute spähend in alle sich auf dem Weg befindenden Türen; er war Jäger und erwartete den Angriff von Tigern. "Mond, Mond, ich möchte dich fest küssen", summte Tafa, sich mit ihrem Körperchen an Leonid schmiegend, und als er sie zum Bett trug, schlief sie auf seinen Armen ein.
Die Kraft des Vollmonds, der die ozeanische Schwere in Bewegung bringt, trieb hier so nebenbei im Kinderzimmer seinen Mutwillen, störte den kindlichen Schlaf und lockte die Kinder aus dem Haus. Als Leonid in sein Zimmer kam, hatte der kreidige Einfall des Lichts aufgehört. Der Mond stieg immer höher zum Zenith, und die Mondfülle zog sich durch das Zimmer und die Balkontüren zurück. Im Zimmer war es jetzt ganz dunkel. Er ging zum Bett und legte sich mit dem Gefühl einer großen Schwäche, aber auch der Erleichterung hin. Die Gesundung begann, das fühlte er. Dann legte er sich ein Kissen auf den Bauch, ihm wurde warm, er dehnte sich, bewegte sich hin und her wie ein junges Tier oder ein Vogel vor dem Schlaf und wurde still. Nach einer ruhigen Nacht, schon kurz vor dem Morgen,

hatte er einen lustigen Traum. - Regennadeln drangen in Maulwurfshügel ein, wühlten sie auf, warfen Lehmklumpen umher und liefen unter der Erde zu den Maulwürfen. Eine lebhafte gegenseitige Begrüßung war zu hören und fröhliches, murmelndes Gerede der eintretenden Gäste. Die Regentropfen fingen an, den Maulwürfen Märchen zu erzählen: "Die Elster kochte der Krähe ein Breichen" und "Da kommt eine gehörnte Ziege daher." Dann begannen sie, die Maulwürfe zu kitzeln, ohne ihnen Ruhe, noch Atempause zu gönnen. Die Maulwürfe niesten hilflos, kicherten, kreischten, bogen sich vor Lachen, zappelten, so daß die Erde über ihnen hochsprang und schnarrten etwas auf Französisch.

WIND

Auf einem Weg, gesäumt von beschnittenem Weißdorn, schritt ein großer, buntscheckiger Hahn. Der Wind blies seinen Schweif auseinander, deckte dabei die nackte Stelle in der Mitte auf und faltete ihn dann wieder zur Seite. Der Hahn war bemüht, die Würde seines Gangs zu bewahren. Aber der Wind stieß ihn rücksichtslos in den Rücken, so daß er notgedrungen zu laufen begann, oder, wenn der Schweif sich wie ein Steuerrad drehte, zur Seite geneigt ging, wie ein ungeschickter Kavalier bei der Mazurka. Dabei schaute er sich unruhig um, ob nicht jemand seine unwürdige Lage bemerke. Nun fielen ein paar Bröckchen nieder, und noch mal. Der Hahn sah sie bekümmert glucksend an, doch nachdem er sie untersucht hatte, richtete er sich ärgerlich und beleidigt auf: "Einfach nur Steinchen!"
Da rief jemand: "Psch... du!" Erde wurde auf ihn geschüttet, ein Zweig traf ihn. Er stürzte nach vorne. Mit seinem gestreckten Hals, dem gesenkten Schweif und den zusammengedrückten Flügeln war er jetzt ganz dünn. Während er fortlief, spreizte er die Flügel, nahm von neuem seine frühere Pose ein, wollte zu krähen anfangen, aber der Wind stieß ihn abermals hin und her und, sich dagegen stemmend, trippelte er auf dem Weg weiter.
"Kinder, geht nicht in den Wind! Laßt die Tiere in Ruhe!" Auf der windgeschützten Seite hinter dem Haus hütete ein Konklav von Gouvernanten und Kindermädchen seine Zöglinge. Hier befanden sich nur die besonders behüteten Kinder. Die anderen streunten außerhalb dieser glücklichen Zone umher und mieden sie sogar. Obgleich sie auch den Umgang mit diesen Bevorzugten heftig wünschten, so war er doch wegen der Zurechtweisungen der Gouvernanten, die das Selbstgefühl kränkten und verletzten, nicht ungefährlich. Weiter entfernt waren sie davor sicher und bewahrten sogar eine gewisse Überlegenheit.

Zu ihnen gesellten sich die Wagemutigeren und Ungehorsameren der Auserwählten. Die Gouvernanten unterbrachen für Augenblicke ihre mit zusammengesteckten Köpfen geführte geheime Besprechung oder ein von äußerst großen Vorsichtsmaßregeln begleitetes gegenseitiges Vorzeigen von Gehäkeltem und Gestricktem und liefen, um die allzu Kecken wieder auf ihren Platz zurückzuholen.

Auf dem Weg erschien ein sonnenverbrannter Junge ohne Mütze, ging zu den Kindern hinter dem Haus und fing mit ihnen ein Gespräch an. Er sprach sichtlich würdevoll, mit ernstem Gesicht und gerunzelten Brauen. Dazu gesellte sich ein kleiner Rundlicher, der sehr verlegen war und einen riesigen, einem Damenhut ähnlichen Strohhut auf dem Kopf trug. Er hörte das Gespräch, das von Schaufeln handelte und schaltete sich ein: "Ich habe auch eine Schaufel, ganz aus Holz, eine weiße..." - "Du meinst wohl, wir sprechen über gewöhnliche Schaufeln?" sagte der zu den Behüteten Gehörige hochmütig und ärgerlich. "Wir sprechen über eine Schaufel, die sich auf der Sonne befindet." Jener wurde rot, wußte nicht, wie er da herauskommen sollte. Da hat er sich aber blamiert - das war dumm.

Einige Kinder standen unter dem Fenster des Zimmers, wo Leonid, eines der größeren, seine Aufgaben machte, dabei aber immer wieder aus dem Fenster schaute und mit Kügelchen aus Löschpapier schoß.

"He, wann kommst du spielen?" - "Um elf." "Ist das noch lange?" - "Noch eine halbe Stunde." Und er fuhr fort, langsam und lässig aus einem Buch abzuschreiben - verbe auxiliaire: avoir. Das Passé indéfini malte er mit großen, krummen Druckbuchstaben, die sich in Kleckse verwandeln wollten. Da riß er kleine Stückchen von Löschpapier ab und hielt sie mit dem abgerissenen, zerfaserten Rand auf das Geschriebene. Das Löschpapier saugte die Tinte auf, und während sie bogenförmig auf dem Papier zerfloß, wurden die Buchstaben heller. Aus schwarz wurde blaßgrün, und es erschienen zwei kleine Kratzer von der Spitze der Feder ...

Die Kinder, die den Hahn gejagt hatten, griffen plötzlich die anderen unter dem Fenster an. "Krieg!" schrie ihr Anführer und schlug mit einem Zweig. Der Kleine mit dem Damenhut kam den Angegriffenen zu Hilfe. Er trug mit einem zusammengeknüllten Tuch einen Brennesselstiel, war bemüht, diese gefährliche Waffe soweit wie möglich von sich wegzuhalten. "Kinder, hört auf mit der Balgerei, Petruscha, wirf die Brennessel weg, hörst du? Spielt das 'Goldene Tor!' Nelly und Pawluscha bilden das Tor, und wer führt an?" - "Ich!" - "Nein ich!" Sie fingen an, die Frage unter sich zu besprechen. Jener, der seine Hausaufgaben machte, fiel in Nachdenken, langweilig wurde es ihm. Die vielen fremden Kinder, die mit ihren Gouvernanten gekommen waren, störten. Die Gouvernanten nötigten sie, gewisse Spiele zu machen. Sie lärmten ohne Sinn.
...Leonid hatte Lust nachzusinnen... Er setzte sich bequemer hin, stützte sich auf die Ellenbogen und guckte aus dem Fenster, wo die Zweige sich langsam wiegten, sich hoben und senkten wie auf Wellen... Das rhythmisch schwankende Grün wurde zum Hintergrund seiner Träume... Er träumte fast immer bei Tag und bei Nacht, Tag- und Nachtträume. "Du darfst dich nur nicht ablenken lassen, und du packst den Traum auf dem Flug. Es zeigt sich, daß er gar nicht abgebrochen war, er entfaltet sich zu einem unendlichen Band. Und bei Tage ist es leicht, du kannst ihn lenken, wie es dir gefällt, kannst Einzelheiten ändern, wie du willst, kannst selbst teilnehmen oder andere Personen einführen."
Und so begann sein Tagtraum. - Der Lärm streitender Stimmen unter dem Fenster kündigt nichts Gutes an. Doch mir, Feldmarschall Suworow, ist, wie es scheint, keine Besorgnis anzumerken. Ich bewahre völlige Ruhe. Gut, daß ich dreißig Leute mit Hellebarden habe, und die haben noch von irgendwoher Gewehre besorgt... Was der Kardinal im Schilde führt, ist noch nicht bekannt. Der Befehl, das auszukundschaften, war noch nicht durchgeführt... Bis zur Stadt ist es weit... Wird der Marquis Dangerau rechtzeitig mit seinen Dragonern anrücken, vielleicht ist auch dort

Verrat? Trotzdem ist auf meinem Gesicht keine Erregung zu bemerken. Kardinal Passé d' Antérieur, nein Kardinal de la Passé d´ Antérieur... Hier zeige ich eine mir eigene Festigkeit...“- Das Stubenmädchen kam herein und brachte ein Glas kuhwarme Milch, schwarzes Brot, Salz... "Wie ist es mit dem Déjeuner?"... "Nein, kein Déjeuner!"...
Unter dem Fenster war es jetzt still geworden. Das Getrappel und das Schreien der Kinder beim Durchzug durch das „Goldene Tor" hatte aufgehört.
In Leonids Traum waren nun die Rebellen verschwunden, übrigens waren sie unverrichteter Sache wieder abgezogen. -
Ein windiger Tag bei Nowij. Getrappel eilender Truppen, von Zeit zu Zeit Kommandorufe oder Stöhnen von Verwundeten. Feldmarschall Suworow ruht in dem ehemals feindlichen Stabsquartier aus. Man reicht ihm seinen geliebten Kümmelwodka und Brot, weiß wie Kuhmilch. Er überdenkt den Schlachtplan, den Sieg über die Franzosen, die Eroberung der Schweiz und dann die allmähliche Eroberung von ganz Frankreich... Man muß selbst auf dem Schlachtfeld sein, zuerst aber die verfluchten Österreicher schlagen. Und da rufen auch schon die Soldaten: "Wo ist unser Vater?" Suworow stand entschlossen auf, verließ das Zimmer und schritt sporenschlagend den Korridor entlang.
Der Traum wurde unterbrochen. Die Seitentür öffnete sich. - "Leiser, klopf nicht so, der Onkel fühlt sich nicht wohl. Jetzt werde ich die Aufgaben abfragen." Leonid als Suworow blickte grimmig auf den dummen Grobian, der sich erdreistete, ihm unter die Augen zu kommen, ging vorbei und dachte: "Verfluchte Österreicher..." An der Freitreppe stand schon sein geliebter Rappe. Er stieg behende in den Sattel, galoppierte auf einem Seitenweg davon, hielt bei einem Busch an und brach, da er keine Reitpeitsche bei sich hatte, einen Zweig, riß schnell die Blätter ab und stürmte in Windeseile weiter...
In den windigen Alleen hütete eine achtunggebietende Französin einen noch nicht ganz von einer Magenverstimmung genesenen Knaben. Ergeben trottete er

neben seinem Zerberus daher, der von Zeit zu Zeit das Schweigen unterbrach und in der Art eines Gesprächs, das für Kinder vergnüglich und leicht verständlich sein sollte, Beispiele von Deklamationsregeln der französischen Grammatik anführte.
Schließlich ergriff der Knabe die Initiative, sprang fort, kletterte auf eine Bank und rief: "Mademoiselle, sehen Sie!" und sprang hinunter auf einen Haufen von zusammengejätetem Gras, Erde und Blättern ... Die Französin rügte seinen Eigenwillen, nahm ihn an die Hand, wies auf seine beschmutzten Stiefel, sagte, daß solche Sprünge für den Magen schädlich seien und fragte, welche Zeitform "Sehen Sie!" wäre. Er überlegte...
"Imperativ" sang sie .
In Leonids Traum erdröhnte laut ein Galopp, der näher kam und, den Hals wie den eines reinrassigen Pferdes stark gebeugt, erschien er als Suworow. Noch vor einiger Zeit hätte ein solches Treffen an Suworows Verhalten nichts geändert. Er wäre auf jeden Fall an den Leuten vorbeigestürmt, hätte sie mit einem gönnerhaften Blick gestreift und, am Ziel eingetroffen, gleich begonnen, zur Ausführung seiner mächtigen Pläne zu schreiten. Jetzt aber war das anders. Der Galopp ging über in einen Trab, der Hals nahm menschliche Konturen an. Suworow sah sich um, vergewisserte sich, daß niemand ihm folgte, hielt bei der Bank an. Dann fing er an, die Reitpeitsche durch die Luft zu schwingen. Bei einem Schlag auf die Bank zerbrach sie, das Ende flog weg, und sie wurde zu einem Bogen gekrümmt, als er sich mit dem Arm auf sie stützte. Er ging zu der Französin, die ihn fragte, ob er hier immer den Sommer verbringe. Er antwortete ihr ganz außer Atem.
"Es ist nicht gut bei einem solchen Wind zu rennen, es ist schädlich. Spielen Sie lieber ruhig mit Nikola." Die Knaben sahen sich ohne besondere Begeisterung an. Die Französin setzte sich auf die Bank, hüllte sich in einen Schal, öffnete ein Buch. "Nun, gehen Sie, Sie können in der Allee spazieren, aber nicht sehr weit." Die Knaben gingen schweigend... "Was für Pferde habt ihr?"

"Eine Troika von Braunen, einen Fuchshengst, das Pferdchen Sowrassij, das sind die zum Reiten,... eine Menge von Arbeitspferden,... und es gibt noch einen Rassegaul, einen mageren." - "Nikola," rief die Französin: "Man gebraucht dieses Wort nicht."... „Warum nicht? Was bedeutet es, Mademoiselle?" "Man sagt nicht "Gaul", es ist nicht schön. Nun, beschäftigen Sie sich mit etwas." Die Knaben gingen weiter in der Allee spazieren. Zu erzählen gab es nichts mehr. Jeder hing seinen eigenen Gedanken nach. Nikola begann allmählich Leonid zu vergessen... Er lächelte auf einmal, schüttelte den Kopf, fing plötzlich an zu knurren, fletschte die Zähne, verschränkte dann aufseufzend die Arme auf dem Rücken und ließ den Kopf so tief hängen, daß das Kinn auf die Brust stieß... Hier führte Leonid ihn in seinen neuen Traum ein: Sir Erik... allein auf dem Gut, weit weg von jedweder Wohnstätte. Er wartet auf die Rückkehr seiner Tochter... Als er sie das letzte Mal sah, lag sie noch in den Windeln, doch jetzt ist sie schon achtzehn Jahre alt... Aber hier ist es nicht ruhig. Die kriegslüsternen Indianer haben geschworen, die Weißen zu vernichten...
Da läutete die Glocke - "Es ist Zeit, zum Essen zu gehen, Kinder, es ist höchste Zeit."
Sie gingen schnell durch den Park. Nikola erblickte wieder nacheinander all das, was er während des langsamen Hin- und Herspazierens mit Mademoiselle schon viele Male eingehend angeschaut hatte. Jetzt tauchte dies, was schon langweilig geworden war, blitzschnell auf und wurde ganz unerwartet wieder interessant: - der einsame Löwenzahn mit dem zur Hälfte weggeflogenen Hütchen, der große, vielblättrige Stengel mit den weißen Flecken, das Gewimmel der rotgesprenkelten Insekten auf den Bankbeinen, die Schicht Pilze, die auf dem alten Baumstamm wuchs... Alles das zwang ihn hinzugucken, hinzulaufen, von der sich beeilenden Mademoiselle wegzurennen, um sie dann wieder einzuholen...

Die Kinder aßen auf der Veranda im Seitenflügel. Aber sie mußten noch vorher schnell ins Haus gehen, um die Hände zu waschen. Die Französin öffnete die Tür von Nikolas Zimmer: "Sie können sich bei uns die Hände waschen, so geht es schneller." Für Leonid war das ein unbekanntes Zimmer. Die Möbel standen ungewohnt und bedeutungsvoll, gewichtig, und wie es schien, waren sie besonders rein und bequem... Er wusch sich die Hände. Mademoiselle gab ihm ein weißes Zelluloiddöschen. Darin war gelbe Kasaner Seife, aber er hat seine „Lieblingsseife", sie ist grün oder rosa, sie ist oval und glitscht leicht aus den Händen - viel interessanter. Man holte für ihn ein sauberes Handtuch aus dem Schrank. Er trocknete sich die Hände ab, ohne es auseinanderzufalten, und sie gingen aus dem Zimmer.

Man kann direkt durch den Korridor gehen, und hier werden sie ins Eßzimmer geführt. Dort ist man dabei, sich zu Tisch zu setzen.

Die Französin errötet, als Anna Sergeewna sie nach der Gesundheit Nikolas fragt.

Die Kinder begrüßen schüchtern die Erwachsenen. Da ist ein unbekannter Herr. Er hatte noch nicht die Zeit, sich dem hiesigen Klima anzupassen. Er trägt einen weißen Anzug, war im Wind spazieren gegangen und fror. - Sie werden einander vorgestellt. Er begrüßt sie, drückt schmerzhaft die Hand und fragt nichts - das ist gut so.

Schon vom frühen Morgen an war es heiß. Die Erwachsenen tranken Tee unter den Linden. Sie trafen nach und nach ein, so wie sie aufgestanden waren. Allein Anna Sergeewna saß schon am Tisch, als noch niemand da war und las in einem Buch. Jetzt waren außer ihr am Tisch Jurewskij, Anna Borissowna, Anatolij Klimentjewitsch Biftonow und der gestern angekommene Alexej Valentinowitsch Sinjaew, einer der zahlreichen Valentinowitsche seiner Familie. Sie frühstückten gemächlich. Sorgsam strichen sie die Butter aufs Brot. Aus den bauchigen Sahnekännchen floß Rahm,

und in die Tassen plumpste die gelbe, schwere Haut. Jurewskij nahm aus einem vernickelten Kesselchen ein Ei, stellte es in den Eierbecher, schlug mit dem Löffelchen auf die Spitze und begann kleine Stücke der Schale und der Haut abzupellen. Um den Tisch herum saßen wartend die Hunde: Beta, Rait, Tschudak und Krepucha. Sie verhielten sich auf verschiedene Weise: Rait läuft rundherum, wedelt mit dem Schwanz, winselt, verfolgt mit den Augen jeden Bissen, jeden Schluck, der im Mund verschwindet. Beta geht nicht weg von Jurewskij, sitzt neben ihm. Die Ohren gespitzt, läßt er den Blick nicht von ihm los und fegt mit seinem zottigen Schwanz wie mit einem Fächer über die Erde. Tschudak liegt auf der Seite, die Beine ausgestreckt, tut so als schliefe er. Aber er hält es nicht aus und spitzt von Zeit zu Zeit die Ohren, lauscht, ob nicht etwas für ihn abfällt. Krepucha hatte sich ein wenig weiter weg hingelegt, die Schnauze auf den Vorderpfoten. Offensichtlich schämte er sich über die Möglichkeit, der Versuchung zu erliegen und sich näher beim Essen einzufinden. Er rührte sich nicht, um die Aufmerksamkeit nicht auf sich zu lenken. Sogar wenn er angerufen wurde, blinzelte er nur zerstreut zu dem Rufenden hin und wedelte nicht, damit man nicht denke, daß er sich einschmeicheln wolle.
Alle genossen die eingetretene Stille. Aber nach dem anhaltenden Wind scheint es, daß auch sie dumpf in den Ohren dröhnt. In den Ohren ist eine Schwere zu spüren. Und nach der Reise, der Fahrt mit den Pferden und den Spaziergängen im Wind, schmerzt Sinajew der Kopf, und die Stimme ist heiser.
Die Fliegen und Mücken, die der Wind auseinandergetrieben hatte, arbeiteten sich aus ihren Schlupflöchern und fielen über die Hunde her. Beta und Rait fingen an, ab und zu mit den Zähnen nach ihnen zu schnappen. Da, nun sprang Tschudak hastig auf, steckte die Schnauze an den Bauch und begann, mit den Zähnen tief im Fell zu nagen. Krepucha, als einziger, rührte sich nicht, nicht einmal wegen der Mückenstiche.

"Petruscha, komm doch mal her!" rief Jurewskij. Petruscha kam herbei und machte einen Diener, scharrte mit dem Fuß und wirbelte dabei Staub auf. "Was willst du einmal werden?" - "Wasserwagenfahrer." - "Hast du schon Milch getrunken?" - "Ja, danke." - "Möchtest du Honig?" - "Ja, gern." - "Nun grüße und setz dich!" Petruscha küßte die Hand von Anna Sergeewna und verbeugte sich. Dann begrüßte er auch die anderen auf diese Weise. "Scharre nicht so, sonst machst du uns ganz staubig. - Mein Großneffe" wandte er sich an Sinjaew - "Pjotr Alexejewitsch Sotow... Nun setz dich, Wasserwagenfahrer." Petruscha schickte sich an, langsam und genußvoll Honig zu essen. Von weitem gab Nikola ihm Zeichen, daß er schneller kommen solle. Jurewskij bemerkte das. "Wohin ruft man dich? Wozu rufen Sie ihn?" - "Zum Spielen", rief Nikola schüchtern von weitem. Er fühlte, daß Jurewskij ihn nicht mochte. "Lassen Sie ihn zu Ende essen, er kommt rechtzeitig zum Spielen. Iß, Lieber!"
Petruscha schaute zu dem liegenden Tschudak hin und rief ihn leise an. Tschudak blieb noch liegen, schlug mit dem Schwanz auf die Erde. Dann stand er auf, und ohne Petruscha anzusehen, ging er zu ihm hin. Petruscha gab ihm ein Stück Kringel. Tschudak schnappte es und begann, es mit der linken Seite des Mauls zu benagen.
Nikola trieb sich immer noch unter den Bäumen herum. Petruscha hatte Mitleid mit ihm und bat um Erlaubnis aufzustehen. "Nun, lauf, lauf, spiel nur, viel Spaß!" sagte Jurewskij und schaute Petruscha nach, der sich bedankt hatte und fortlief.
Nikola brauchte Petruscha als Untertan. Über ihn konnte man schalten und walten. Er führte Anordnungen widerspruchslos aus, und beim Spielen erkannte er seine Autorität an. Petruscha war für Nikola so etwas wie ein lebendiges Spielzeug.
Sie gingen fort. Mit ihnen ging Mademoiselle und sprach mit Nikola französisch. Er antwortete absichtlich langatmig und umständlich, tat so, als bemerke er Petruscha nicht, und der ging weiter neben ihm her,

scheinbar überflüssig und unter dieser beleidigenden Geringschätzung. Doch Petruscha war nicht leicht zu beleidigen. Er war zurückhaltend, ruhig, allen gegenüber freundlich und wohlgesonnen, gut von Grund auf. Und vielleicht, weil Nikola Petruschas Kraft spürte, wollte er ihn beleidigen und demütigen, erproben und besiegen, wollte diese Kraft zerstören und vernichten. Natürlich tat er das unbewußt, aber es war so, und auf diese Weise rächte er sich übrigens auch für die Bevorzugung, die Jurewskij Petruscha erwies, und außerdem für das lange Warten. Petruscha schien das zu erraten, er ging weiter hinter Nikola her, aber er war mit seinen Gedanken beschäftigt und vergnügte sich mit seinen eigenen Vorstellungen.

Nikola drehte einen flachen, eckigen Stein um. Im Abdruck waren die Konturen zu sehen und einige, sich in die Erde drückende weiße, glänzende Stengel, in unruhiger Bewegung sich krümmend und windend, die halb Würmern halb Käfern glichen. Ein aufgestörter Ohrwurm eilte mit drohenden Zangen fort ins Gras. Petruscha hockte sich hin. Aus der Vertiefung roch es beißend. Am Rand war eine Mulde, in der irgendwelche behaarte Kügelchen krochen. An einer anderen Stelle waren kleine Löchlein in der Erde. Dann war da noch ein größerer Spalt, in dem sich das rosige Ende eines Regenwurms zeigte. Aus der Nähe sah man jetzt winzige, halb durchsichtige Fliegen, die sich dort unten wie Geister bewegten und mit Flügelchen unsinnig hin- und herschwirrten... Petruscha spitzte die Lippen und begann zu summen: - "su, su" ...und siehe da, auf diese Töne hin erschienen die federnden Stengel und beweglichen Schrauben, die Bewohner, die unter dem Stein lebenden Tänzer.

Zu den Knaben gesellte sich Leonid. "Hier ist es nicht interessant", sagte er, "gehen wir weiter!" Er führte sie ganz tief in den Garten hinein. Völlig unerwartet waren mitten darin Apfelpflanzungen, unterbrochen durch gerade Reihen von Birken und niedrigen, jungen Ahornbäumen. Früher waren das einmal Alleen gewesen. Aber jetzt war alles ganz mit dichtem Gras bedeckt, das die Kinder vollständig verbarg. Man sah, daß hier lange nicht mehr gemäht worden war. Es war mühsam, durch dieses Gras zu gehen. Die Beine hochhebend gingen sie hüpfend hindurch und teilten es mit den Händen auseinander. Bald ermüdeten sie. Rot im Gesicht, schwer atmend, mit Schweißtröpfchen auf der Nase schleppten sie sich voran. Ohne zu sprechen, angespannt nach vorn blickend, gingen sie immer langsamer. In Abständen blies der Wind. Von Mittag an war er schon schwächer, unregelmäßiger geworden. Immer öfter herrschte Windstille. Zeitweise legte sich der Wind völlig, um dann von neuem loszubrausen wie vorher. "Laufen wir zu den Linden auf den Hügel, solange kein Wind ist!" rief Leonid. Und alle rannten mit letzten Kräften, arbeiteten sich mit Mühe aus dem Gras, in dem sich ihre Beine verwickelten. Außer Atem, mit den Armen in der Luft rudernd, erreichten sie den Hügel. Und der Wind fing wieder an zu blasen, zauste das Gras, die Sträucher, die Bäume. - "Hurraaaa!" schrie Leonid mit stoßendem, verkrampftem Atem. Er zog ein Taschentuch hervor, hielt es an der Ecke mit der Hand hoch und ließ es sich im Wind entfalten.

Der ganze Hügel war ein einziges Dickicht aus niedrigem Klee. Rotfleckige Blümchen, Blättchen mit weißlichem Rand und dunklen Flecken zitterten im Wind wie ein sichtbar gewordenes Trillern. Und dort, wo der Wind tiefer eindrang, drehten sich die Blätter mit ihrer helleren Seite nach unten, und die gekräuselte Oberfläche veränderte das Aussehen des Hügels...

Sie setzten sich, pflückten Klee, zogen kleine, noch frische Blütenstengel heraus und saugten den süßen Saft. Endlich kamen sie zu Atem.

Der Wind schüttelte die Apfelbäume, und die unreifen Äpfel versanken im hohen Gras. Wie viele Tage bläst er nun schon, und sie hatten sich immerfort gehalten, erst jetzt fielen sie ab.

Über all dem erhob sich der riesige Hut einer Silberpappel. "Seltsam", dachte Leonid, "die Pappel ist ja gar nicht

weit vom Haus, und ich glaubte, daß sie an einer ganz anderen Stelle stünde."
Sie machten sich weiter auf den Weg. Leonid kroch in ein dichtes Gebüsch, die anderen hinter ihm her. Sie plumpsten in einen Brennesselbusch, ja in eine verborgene Brennesselgestrüpphöhle. Mit verbrannten Armen und Beinen arbeiteten sie sich aus dieser Untiefe heraus. Petruscha hatte sogar die Wange voller Brennesselflecken, aber sie taten so, als wäre das alles nicht wichtig. Leonid brachte sie aus dem Gebüsch und führte sie mal durch einen kleinen Graben, mal auf einem Pfad unter einem Akaziengewölbe. Trockene Blätter bildeten einen dicken Teppich, die Füße spürten nicht mehr den Boden. Halbdunkel, nur selten dringt hier Sonnenlicht ein, das sich in länglichen Flecken auf die Erde legt.
Da - in die Reihe der Akazien hatte sich ein Seidelbaststrauch hineingedrängt und auf ihm zwischen drei auseinander laufenden Astgabeln - ein Nestchen. Es ist ganz nah zu sehen. Ein kleiner Vogel sitzt darauf mit auseinandergespreizten Flügeln. Die Kinder blieben stehen und schauten. Und der kleine Vogel schaute auf sie, mit blitzenden, schwarzen Augen. "Psch, beweg dich nicht!" Nikola hob ein trockenes Blatt auf, berührte damit den Vogel am Rücken - er rührte sich nicht, da streckte er die Hand nach ihm aus. Geradewegs unter der Handfläche flatterte er hervor und flog davon. Im Nestchen bewegten sich drei gelatineartige Körperchen. Auf dünnen Hälschen gelbliche, blauschimmernde, riesige Köpfe mit geöffneten Schnäbeln wie bei Drachen. Und über dem Schnabel bedeckten in die Länge gezogene, geschlossene Häutchen die Augen. Nikola steckte vorsichtig den kleinen Finger in das Nest, zog ihn gleich wieder zurück und versuchte, das Nest abzulösen. "Das darf man nicht", sagte Petruscha leise, aber bestimmt. "Es ist Sünde, Gott wird dich strafen." Sie blieben noch eine Weile stehen und gingen dann weiter.
Plötzlich hörten sie sprechen und erblickten zwischen den Büschen Spaziergänger. Schnell versteckten sie sich. Petruscha hockte sich hin, Nikola warf sich auf alle Viere,

Leonid legte sich der Länge nach auf den Bauch wie ein Schütze.
Die Spaziergänger gingen vorüber. Die Knaben setzten schleichend ihren Weg fort. Es wurde lichter, und schließlich erblickten sie an der Wegbiegung den Blumengarten und dahinter das weiße Haus. Hier ließen sie Petruscha zurück, Wache zu halten, und selbst schlichen sie, noch stärker zur Erde gebückt auf einem Umweg weiter durch das Gebüsch. Petruscha wachte mit Argusaugen. Er war kein Feigling. Einmal hatte er sich sogar bis zu einem Päonienbusch hervorgewagt ... Nikola und Leonid krochen von einem Strauch zum anderen, bogen um das Haus und sahen, daß unter den Linden der Teetisch gedeckt wurde. Das Ziel der Umbiegung war nicht ganz erreicht, sie hatten es vergessen.
Und da kam wieder ein Windstoß, der die Tischdecke wie ein Segel hochwarf, Sahnekännchen, Tassen und Teller kippten um, fielen auf die Erde und zerbrachen. Kringel rollten nach allen Seiten über den Boden... Pawel lief herbei. "Was ist denn das, Brüderchen?" fragte Jurewskij. "Die gnädige Frau haben es angeordnet. " - "Zu früh, zu früh ist es noch, um draußen zu decken. Laß den Wind sich erst legen... nein, so eine Ungeduldige. Decke den Tisch im Speisezimmer!" Pawel und Duscha schickten sich an aufzuräumen. Da sprangen die Knaben aus ihrem Versteck und fingen an, um den Tisch zu rennen. Nikola begann sogar um Jurewskij herumzuspringen, doch der blickte ohne besondere Freundlichkeit auf ihn. "Pawel, gib ihnen etwas!" sagte er und ging fort. Man gab ihnen trockenen Zwieback mit Mandeln und Stückchen Tulaer Lebkuchen, aber sie bekamen weder Honig noch Marmelade. Ihre Schätze verzehrend gingen sie in den Blumengarten. Dort sprang aus den Sträuchern unerwartet der verwunderte Petruscha hervor und lief zu ihnen.
Petruscha hatte gewissenhaft Wache gehalten, und unter einem Päonienbusch liegend, die Umgebung beobachtet, ob jemand käme. Dann hatte er eine Akazienschote

abgerissen und sie mit dem Fingernagel geöffnet. Zwischen den grünen Kügelchen saßen ruhig irgendwelche dicke Tierchen gleicher Farbe. Sie ließen sich nicht beunruhigen. Petruscha fürchtete, sie zu stören, schloß die Schote und versuchte lange, sie irgendwo auf dem Akazienstrauch festzumachen, aber sie fiel immer wieder herunter. Schließlich verlor er die Geduld und legte sie unten neben die Wurzel des Strauches auf die Erde. Er sah sich um, ob keine Gefahr drohe, lief dann, weil er es nicht aushielt, nach dem Nest zu sehen. Der Vogel saß wieder darauf. Petruscha rannte zurück, wollte ihn nicht erschrecken... Nun, da spazieren seine Komplizen - für alle sichtbar, er - hin zu ihnen. "Warum willst du noch Wache halten, es ist nicht mehr nötig. Wir spielen nicht mehr." Und sie knabberten Zwieback. Da sieht er, wie die letzten vom Tisch genommen werden. Er läuft zu Pawel, aber bekommt nur noch ein trockenes, fades Kringelchen. Das ist nicht das, was er wollte... Die Kinder gehen jetzt zum Teetrinken, aber er geht traurig daher, hält Ausschau nach seinen früheren Spielkameraden, aber sie waren schon nicht mehr da... So hatte er denn umsonst Wache gehalten... Aber nein, er sah das Vögelchen vor sich. Ja, und außerdem war er ein Indianer, und beruhigt lief er fröhlich zur Veranda.

Die Windstöße wurden seltener und kürzer. Voller Kraft trieben sie vorbei, Luftströmungen einholend. In den Pausen wurde die Stille immer stärker und dichter, und gegen Abend war es ganz still geworden. Nur bei Sonnenuntergang wurde der Himmel, wie in Erinnerung an den vorbeigestürmten Wind, von einigen Wolkenfetzen verdunkelt.

Wald. Stille. Ja, ganz dunkel ist es hier. Wenn man nach oben blickt, sind die von der Sonne beschienenen Wipfel zu sehen. Dort machen sich die Vögel zu schaffen, lärmen. Der Himmel ist blau, dort ist es Tag, aber hier unten ist es schon anders - über die Erde, über die Baumstämme kriecht langsam ein fleckiges Muster von Licht und Schatten, schützt wie ein Ringpanzer. "Wir lassen keinen in unser Reich!"...

Behutsam geht Leonid durch den Wald. Unter seinen Füßen rascheln trockene Blätter. Er trifft auf ein weiches, leuchtend grünes Mooskissen, geht näher heran... Stille... Vielleicht hatten sich vorher alle bewegt, einander Zeichen gegeben. Doch da kam er, und sie rühren sich nicht, als wäre da gar nichts. Aber hinter seinem Rücken blinzeln sie sich wahrscheinlich zu... Stille... Plötzlich stürzt ein großer Vogel herab, den er bis jetzt nicht gesehen hatte. Schwer mit den Flügeln schlagend, und ohne Laut versteckt er sich im Dickicht. Warum hielt er sich verborgen, wo verbirgt er sich jetzt, was heckt er aus? Es zirpte, raschelte. Ein Inselchen, umgeben vom Meer trockener Blätter, bewegte sich. Eine große, blaue Glockenblume schwang hin und her... Mücken tanzten in Reihen, zogen eckige Linien. Leonid sprang in den Mückenschwarm hinein, schlug mit den Händen, versuchte ihn auseinanderzuteilen. Dann entfernte er sich ein wenig, wollte sehen, ob es ihm gelungen war. Von nahem konnte man das nicht erkennen. Der Schwarm war nun höher gestiegen. Jetzt war er nicht mehr zu erreichen. Und auf dem besonnten Weg führte er seinen Tanz fort, sich schräg hinziehend von hoch oben bis in den Wald hinunter.

Ein Käfer brummte. Rasch lief er, Bäume sicher umkreisend, eilte weg von der Stelle, wo ein Vogel sich verbarg, machte eine schroffe Biegung und sauste nach oben auf den besonnten Weg, wie auf einem Motorrad.

Leonid geht immer weiter..., vorsichtig auf Zehenspitzen. Wird es ihm wirklich nicht gelingen, die Geheimnisse des Waldes zu ergründen..., werden sie ihm verborgen bleiben? Da lehnt jemand am Baumstamm, ein Furchtsamer, bewegt die Hasenohren, legt den Finger der schwimmhäutigen Hand auf den Mund: "Verbergt euch!" Und alles versteckt, verbirgt sich.

Aber ich ertappe euch doch, wie ich mir vorgenommen habe. Ja, wenn ich dort hinter diesen dichten, jungen Espen herauskomme - liegt da ein dicker Bär auf dem Rücken, die Pfoten ausgebreitet, schläft. Und vor ihm der Hasenohrige, die Ohren schlackern wie Ohrringe.

Mit einem Zweig streichelt er eifrig die Fersen des Bären, kitzlig ist das. Der Bär lacht sich mit zurückgebogenem Kopf halbtot. Und jener beobachtet neugierig den Ausdruck seines Gesichts... Der Bär erstickt fast vor Lachen, so wie ich manchmal im Traum lache, in Lachen ausbreche, mich vor Lachen biege.
Leonid lief weg von den Espen. An einem Graben wuchsen in einer Reihe Birken. Die erste Birke war die größte. Der Stamm war schwarz, unten zog er sich horizontal über den Graben, schwoll zu einem Kropf an und hob sich dann hoch nach oben, ein weißer Schwanenhals mit immer weniger schwarzen Tupfen. Allein den Wipfel selbst bedeckten glatte Strähnen, ihre Schattierungen schillerten von blaß bis leuchtend grell... Nicht weit von der Birke, auch am Rande des Grabens, wuchs ein großer Birkenpilz. Sein Stiel wiederholte in allen Einzelheiten den Stamm der Birke, die gleiche Krümmung und Schwellung an der Wurzel, das kleine, feste Hütchen, braun mit dunklen Vertiefungen über der gleichen schwanenhaften Biegung und dann die gleiche edle Wohlgestalt. So stehen sie da, der Pilz und der Baum, weithin sichtbar. Rings um sie eine moosige Fläche, kein Strauch, kein Gras. "Schaut her, ergötzt euch!"
So drangen sie aus der Erde, neigten die Köpfe über den Graben und begannen sich hochzuschwingen, prächtig und ruhig... Sie ziehen sich über den Graben, die Birke legt sich sanft, die Bündel der Zweige fallen nach vorne, und der Stamm bildet eine Kette von Inseln mit dunklen Kanälen. Und der stolze, luftige Birkenpilz wirft sich nach oben, wölbt sich, und von der bräunlichen Verdickung am oberen Stiel ziehen sich dunkle Fäden nach unten zur Erde, gleich einem entfernten Regen...
Als Leonid gerufen wurde, lief er mit überraschender Leichtigkeit zum Haus hin. Diese neue Fähigkeit bereitete ihm Freude, und er sprang immer wieder voller Lust durch die Büsche, das Dickicht des Grases. Da - er machte nur eine kleine Anstrengung, und schon wurde er über die Bank gehoben, landete mit den Füßen auf den spitzen Steinen hinter der Bank. Er spürte sie nicht.

ABFAHRT

Leonid war schon städtisch gekleidet in der kleinen Pelerine mit den Seitenschlitzen, mit braunen, gezwirnten Handschuhen und auf dem Kopf den flachen Hut mit der Schleife am Band. So lief er zum Pferdestall. Das Tor der Remise war geschlossen. Der Kutscher kam herbei in einem cremefarbenen Hemd und dunkelgrüner Samtweste. Er zog den mit metallenen Schildchen verzierten Gürtel fest, ging zum Tor, öffnete den einen Flügel ein wenig, schob sich schnell hinein und schloß ihn hinter sich. Leonid lief eilig ganz außer Atem zum Tor, zog vorsichtig an dem hängenden, aufgerissenen Maul des Vorhängeschlosses und lugte durch die Spalte. In der Dunkelheit funkelten die erregten Augen der Deichselpferde.
"Wer ist da? Mach nicht auf!" rief der Kutscher. "Leonid Michailowitch ist gekommen", hörte man die Stimme Afonjas. "Bitte, schneller, sonst werden die Pferde..."
Leonid schlüpfte durch das Tor. Hinter ihm wurde es fest verschlossen. Nach der Helligkeit draußen war es hier ganz dunkel. Die Pferde traten von einem Bein auf das andere, scharrten mit den Hufen, schnauften erregt. Die schweren Schritte des Kutschers Iwan waren zu hören, der mal zum Wagen hin, mal von ihm wegging. "Oi, Herrchen, warten Sie!" sagte er mit gedämpfter Stimme, "sonst könnte ich Sie in der Dunkelheit versehentlich stoßen. Steigen Sie noch nicht in die Kutsche, die Pferde sind gerade ganz unruhig."
Leonid trat zur Seite. Er begann, sich an die Dunkelheit zu gewöhnen, blickte nach oben. Die halbrunden Fenster, sehr hoch unter dem Dach, blendeten ihn. Die verstaubten Scheiben ließen den gesamten unteren Teil der Remise im Dämmerlicht. Gut erhellt waren nur die halbrunden Fenster selbst und die schmalen Fensterbänke. Von den nächstgelegenen Fensterbrettern hingen Strohbüschel herab, darauf ein Täuberich im Profil. Der böse Schnabel war ein wenig geöffnet, und man konnte deutlich den kleinen Höcker darauf erkennen. Die Flügel halb nach

unten hängend, den Schwanz fächerartig geöffnet, saß da auch ein ganz kleiner Truthahn. Aus dem Dunkel war von Zeit zu Zeit ein verlockendes Gurren zu hören, und dann begann der Täuberich sich aufzuplustern. "Wie oft du sie auch rausjagst, immer wieder kommen sie herein... Afonja, da mußt du mal raufklettern."
Leonid stand mit dem Rücken zu den Fenstern und schloß die Augen. Als er sie wieder öffnete, war schon alles deutlich zu sehen.
Iwan hob den Kutschbock hoch und stopfte in den Kasten darunter seine Habseligkeiten, ein riesengroßes, dunkles Bündel. Es paßte nur mit Mühe hinein. Iwan preßte es mal auf der einen, mal auf der anderen Seite. Gewichtig ging mit einem Kasten voller Zangen, Schlüssel und Schrauben sein Freund Afonja vorbei. Jetzt, da Leonid nicht mehr Sandalen, sondern Schuhe trug, war der barfüßige Afonja unscheinbarer geworden, klein, schüchtern und weniger hübsch, ja, seltsam, gar nicht mehr anziehend. Nun hob er mit dem nackten Fuß einen Eimer mit Wagenschmiere am Henkel hoch und trug ihn auf einem Bein hüpfend zum Tor. Auf dem Eimer blitzte, kaum sichtbar, ein matter Lichtschimmer. An seinem verkrüppelten Fuß bewegte sich häßlich der große Zeh. Leonid schaute tief in die Remise hinein: da waren noch mehr Kutschen, ein Bankwagen, Wagengestelle mit übereinandergeworfenen Deichselgabeln und daneben kleine Rennwagen. Und dort, kaum noch zu sehen, Schlitten, ein Leiterwägelchen mit einer Plane bedeckt; dann auf der anderen Seite in der Ecke ein schwarzer Haufen, die Trümmer einer zerbrochenen Figur, die so gut zum Spielen gewesen war. Von ihr ging immer ein starker Geruch aus, wohl von Naphtalin. An den Wänden hingen auf Kleiderhaken Glöckchen verschiedener Schlittengeläute, kleine Schellen und andere, groß wie ein Apfel für die Winterpferdegeschirre. Leonid berührte ein Halsband mit vielen, dicht aneinandersitzenden Glöckchen, und sie erklangen leicht und leise, so klar und zitternd wie Weihnachtsbaumschmuck.
Der Kutscher seufzte - er hatte die Anordnung erhalten, die Troika solle ohne Geläut fahren, und Leonid fühlte mit

ihm. Diese Kutschertraurigkeit ging auch ihm zu Herzen. In drei Stunden werden sie schon auf dem Bahnsteig der Station sein. Schnell wird der heraneilende Kurierzug einlaufen. Dann sind da die Eisenbahner, schauen ein wenig verwirrt drein über den unvorhergesehenen Halt im Fahrplan. Die flinken und diensteifrigen Schaffner, dunkelrot im Gesicht von der Anstrengung, mühen sich ab mit den schweren Koffern, sie in das Gepäcknetz zu heben. Und wenn der Zug sich schon bewegt, geht noch für ein kurze Zeit, natürlich von Leonid nicht bemerkt, neben dem Fenster der Kutscher einher, späht angestrengt hinein, versucht, ihn noch einmal zu sehen und geht dann, ohne ihn erblickt zu haben, fort. Wenn es Leonid endlich gelingen wird, zum Fenster zu gelangen, wird er nur noch den Rücken des Kutschers sehen, der mit hängendem Kopf zum Ausgang geht. Sicher ist er betrübt und denkt, daß man ihn bald schon vergessen wird.
An das Tor der Remise wurde geklopft. "Leise!" "Ist Leonid Michailowitsch da?" fragte eine Mädchenstimme. "Still, was lärmst du so .... machst die Pferde scheu ... bei Gott, so ein Störenfried!" empörte sich Iwan. "Was ist los, Sofjuschka?" fragte Leonid. "Man ruft Sie ins Haus, überall werden Sie gesucht." - "Sofort, ich komme." "Ich warte." "Nein, ich komme sofort, geh nur!" - "Was ist denn, wir kommen gleich vorgefahren", mischte sich der Kutscher ein. Sofjuschka ging hinaus, und beim Weggehen rief sie noch etwas.
Iwan hatte endlich sein Bündel in den Kasten gestopft. Obenauf stellte er die von Afonja gebrachte Kiste, bedeckte alles mit seinem langschößigen Bauernrock und ließ den Sitz herunter. Sofort wurden die Pferde unruhig, das Deichselpferd schielte nach hinten, die Beipferde zogen an, setzten die Kutsche in Bewegung. "Brav... heb schon... das Bein, das Bein, nu", sprach der Kutscher im Ton eines Arztes, der geduldig einen Kranken untersucht. Er bückte sich und faßte das Bein des Beipferdes, das sich in der Leine verwickelt hatte.
"Afonja, ruf Nikita, es ist Zeit rauszufahren." - "Um das

Tor kümmere ich mich, Iwan Semjonowitsch", sagte Afonja mit bittender Stimme.
Leonid lief schnell zum Kutschwagen, knüpfte die Lederdecke auf und kletterte hinein... Iwan stand neben dem Kutschbock, brachte sich in Ordnung, zupfte die Weste zurecht, zog den Gürtel an, schob die Mütze schräg auf die Seite, streifte die Handschuhe über und legte die Schlinge der Peitsche wie ein Armband um die Hand. Dann stieg er langsam, leise mit der Zunge schnalzend, auf den Bock. "Prr, prr, prr ... meine Liebchen." Die Pferde traten auf der Stelle, das Deichselpferd hob ein wenig die Vorderbeine, das rechte Beipferd schlug kräftig mit dem einen Hinterbein auf den Boden. Schließlich bog die ganze Troika nach rechts ein. "Nu.... prr... meine Hündchen... Kirschlein... meine Beerchen..." Iwan setzte sich allmählich bequemer hin, hakte die Lederdecke fest zu, brachte sorgfältig die Zügel in Ordnung. Dann lenkte er die Troika vorsichtig hinaus.
"Nu, Leonid Michailowitsch, halten Sie sich fest. Afonja, mach auf!" Vorne blitzte ein Lichtquadrat auf, silbrig blinkte der Eimer mit der Wagenschmiere. Die Pferde rissen ihn um, der Eimer kippte. Afonja kam nicht einmal dazu, das Tor ganz aufzumachen - das Deichselpferd stieß gegen den Torflügel. Die Troika galoppierte los. Iwan stemmte sich zurück, versuchte, sie zum Stehen zu bringen, aber jetzt schien es, als könne nichts sie aufhalten. Iwan sah sich um, drohte Afonja: "Ich werde ohne dich fertig, komm du mir noch mal in den Stall!" Angestrengt mühte er sich um das Seitenpferd, versuchte es zu beruhigen. Die Beipferde tanzten wie toll. Die Troika flog aus dem Hoftor. Leonid stand aufrecht im Wagen, hatte die Lederdecke hochgehoben und hielt sich am Kutschbock fest. Einen Fuß stellte er auf das Trittbrett, warf einen Blick auf den Kutscher und schaute auf die Pferde. Jetzt ging die Troika über in einen angenehmen, raschen, schwungvollen Trab. Sie fuhren am Hausflügel vorbei. Dort war man geschäftig, räumte

auf, aber schon nicht mehr für ihn. Er sah nach unten. Auf dem Sand blieben Furchen zurück und liefen ineinander wie Eisenbahnschienen. Der Sand häufte sich auf zu kleinen Hügeln, und die Fahrspuren hüpften auf ihnen nach oben, nach unten, und wieder nach oben, nach unten, preßten sich stärker in die Hügelchen, tauchten in sie ein ... Leonid drückte auf das Trittbrett; noch fester. Es war fast ganz mit Sand bedeckt.
Morgen um diese Zeit werden sie schon auf dem Nikolaewskij-Bahnhof sein ... Er sah die Dampfwolken der Lokomotive vor sich und hörte das sie begleitende, widerhallende, unter die Glaskuppel hochsteigende tiefe Stöhnen. Er erinnerte sich an den Anblick Petersburgs, an seine Nebelluft, die Hast auf den Straßen...
Sie machten eine Runde durch den Park, um die Pferde zu beruhigen und rollten zum Haus. Auf der Freitreppe standen schon die Koffer und strohhelle, lackierte Kartons. Einige Bedienstete waren da. Der Kutscher bog ein. Aus der Gesindestube eilte man zur Treppe. Auch Afonja kam zur rechten Zeit, doch weil er den Zorn des Kutschers fürchtete, verbarg er sich unter den Linden. Leonid kletterte aus dem Kutschwagen und ging zu Afonja, um ihm eine in der Tasche entdeckte Schachtel mit Zündhölzern für die Pistole zu schenken. Afonja lächelte ihm schüchtern zu wie einem Fremden. Plötzlich liefen andere vom Hof her eilig zum Haus und jemand rief laut: "Leonid!"
Der Tag ging zu Ende. Schnell verstrichen die Abendstunden, und der Schaffner kam schon in das Abteil, um das Klappbett herunterzulassen und zu richten. Leonid kam aus dem Waschraum ins Abteil zurück, die Zähne geputzt und gespült. Er zog die Schuhe aus, bekreuzigte sich, wünschte Gute Nacht und kletterte, ohne das Treppchen zu benützen, erst auf den Sessel, von da aus auf den Rand des Tischchens, zog sich hoch, schwang die Beine durch die Luft und legte sich zufrieden oben auf seinen Platz. Umständlich, ohne Eile, rich-

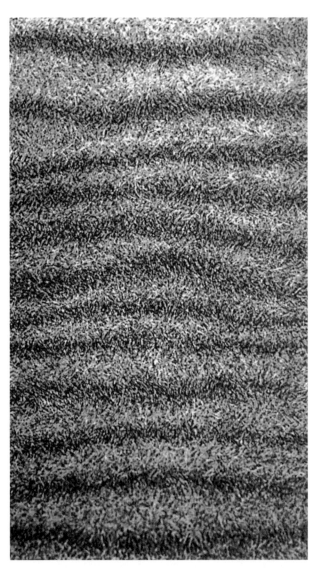
Texturale Komposition 1, 1994, 150 x 90 cm

tete er sich ein, kramte und lugte von dort herunter, wie aus einem Nest. Er kleidete sich aus, legte seine Sachen in das Netz, und endlich im langen Nachthemd kroch er unter die straff gespannte Decke, bemühte sich, den Umschlag der Bettlaken nicht zu zerstören.

Auf einmal verringerte sich die Geschwindigkeit der Fahrt, und plötzlich hörte man ein hartes, hohles Rattern und ein dumpfes Getöse aus der Tiefe. Der Zug fuhr über eine Brücke. Leonid schloß die Augen, und sogleich sah er in seiner Vorstellung Kälber im Fluß stehen. So hatte er es bei Tage auf der Hinfahrt gesehen, als der Zug den Fluß auf einer langen Brücke überquerte, die, wie es schien, jederzeit einstürzen konnte. Der Fluß war breit und seicht. Auf dem durchschimmernden Grund lagen hier und da irgenwelche flache, plattgedrückte, pfannkuchenähnliche Steine. Und das Flußwasser bildete verschiedenartig zitternde Streifen, so als wären dort viele Bäche, die miteinander liefen, ohne sich zu vereinigen und ohne ineinander zu zerfließen.

Die Kälber befanden sich ganz in der Mitte des Flusses und standen da, gewichtig wie erwachsene Ochsen und Kühe in dem sie kitzelnden Wasser. Vom Ufer aus versuchte ein Junge mit gehobenem Hemd zu ihnen zu gelangen. Bei jedem Schritt springend und die Ellenbogen abwechselnd nach vorne schiebend, kämpfte er mit der Strömung. Er schlug mit einer Rute nach den Kälbern, doch vergeblich, er traf nur das Wasser. Endlich, das Hemd halb durchnäßt, hob er vom Boden eine Hand voll Sand auf und warf ihn nach den Kälbern. Die aber rührten sich nicht, außer einem, das zur Seite sprang und dabei in eine ihm unerwartete Tiefe plumpste; und so blieb es stehen, mit den Vorderbeinen in der Unterwasserhöhle, während das Maul schon das Wasser berührte...

Über die Brücke rauschend und surrend erreichte der Zug seine frühere Schnelligkeit, und er begann, Leonid, der sich vom Lampenlicht weg zur Wand gedreht hatte, zu schaukeln, in den Schlaf zu wiegen. Der bunte Fleck der Kälber verschwamm. Und schon lief nicht mehr der

Fluß in einem Bündel von Bächen, sondern jetzt war da ein Armvoll Telegraphenstangen, die sich hochstreckten und winkten. Daneben stritten Leute in Eisenbahnuniform, unter ihnen der Kutscher Iwan, auch in Uniform. Man schien ihn beleidigt zu haben, und er nagte zum Trost an einem gebratenen Hühnerbein. Dann lief neben dem Zug ein mit Oelflecken beschmierter, verschmutzter Mann einher und begann mit einem Hammer auf die Räder zu schlagen. Aber der Zug fuhr immer schneller, der Mann schlug mit allen Kräften, um ihn einzuholen, und dann überzeugt, daß dies unmöglich sei, wandte er sich traurig ab. Da fuhr der gutmütige Zug zurück und lief schnell zu dem armen Mann, damit er mit seinem Hämmerchen auf die Räder schlagen konnte.
Unversehens sprang Leonid aus dem Zug und flog in einer Art durchsichtigem, gewichtslosen Zustand neben ihm her. Aber dort war er in Gefahr, vom Zug weg und wieder gegen ihn zu fliegen. Und so flog er zu sich ins Abteil zurück, flog von neuem hinaus und jagte neben seinem Waggon einher. Dem Zug wurde das schließlich lästig, und er stürzte vorwärts, schneller und schneller, Leonid hinterher. Aber das Fliegen wurde immer schwieriger, der Zug war verschwunden, Leonid konnte nicht mehr fliegen und stürzte herab wie eine Lerche ins freie Feld... Jedoch der unerreichbare Zug war nicht weit, er verbarg sich hinter einem Berg, foppte ihn, indem er rhythmisch klopfte, mal lauter, mal leiser, mal gedämpfter, mal wieder tönender.
Leonid erwachte. Alles war still, nichts rührte sich. Der Zug stand. Im Abteil war es dunkel, nur die lila Nachtlampe brannte, und es war warm, sogar stickig. Man hatte schon für die Nacht eingeheizt. Von unten war gleichmäßiges Atmen zu hören. Weiter weg, sich entfernend, klopfte jemand mit einem Hammer. Noch im Halbschlaf blitzten in der Dunkelheit irgendwelche Traumfetzen vor den Augen auf. Leonid kroch zum Fenster, schob mit Mühe den Rand des zugezogenen Vorhangs zurück und wischte damit das angelaufene

Fenster ab. In der nächtlichen Dunkelheit hingen verstreut helle Laternen, und die Nacht war hier gefleckt von Lichtern. Der Waggon stand gerade zwischen diesen Lichtflecken in der weiten, alles umfassenden Finsternis. Vor ihnen ein Schienenstrang und ein menschenleerer Bahnsteig, zwischen ihm und weiteren Gleisen eingezwängt ein öder Bahnhof. Darüber vereinzelte Laternen, als ob in das nächtliche Dunkel glänzende Tropfen fielen. Durch die Bahnhofsfenster war ein erleuchteter Saal zu sehen. Dort erhob sich auf sichtbarem Platz ein riesengroßer, kupferner Samowar, mit senkrecht gebogenen Henkeln. Er stand gerade so, als habe er die Arme in die Seiten gestemmt, blinkte in spiegelndem Kupfer und stieß Wolken von Dampf aus. Um ihn herum machte sich ein Bedienter zu schaffen, beugte sich zum Fuß des Samowars, in dessen gravierten Öffnungen Flämmchen auflodgerten.

Schnell, mit Unterbrechungen, ertönte die Glocke, die das Kommen eines Zuges ankündigte. An den Türen bewegte man sich schlaftrunken, und aus der Dunkelheit tauchte mit Lärm und Getöse ein Zug auf und fuhr auf der anderen Seite des Bahnhofs ein. Durch die Bahnhofsfenster waren die langsam vorbeifahrenden, schwach erleuchteten Wagen zu sehen.

Der Saal füllte sich mit Reisenden. Ungeduldig drängelnd und schiebend versammelten sie sich beim Samowar, warteten in der Schlange und hielten Teekessel, Reiseflaschen, Kesselchen für heißes Wasser hin oder verlangten Gläser mit heißem Tee. Der dampfende Samowar teilte seine Wohltaten aus.

Zur selben Zeit erdröhnte das Keuchen und Schnaufen einer sich nähernden Lokomotive, und dicht an den Fenstern vorbei rollte ein schwarzer, greulicher Riese heran, eine in die Länge gezogene Lokomotive, einem Samowar ähnlich. Ohrenbetäubend, unerträglich laut zischte und keuchte sie. Im hinteren Teil, beleuchtet von der rot flammenden Feuerung, mühten sich ihre Samowarheizer. Eine Zeitlang stand das Ungetüm an den Fenstern, vernebelte alles ringsumher mit Dampf, wich zurück und rückte von neuem heran, aber nicht nahe genug, um den Waggon zu erreichen und hielt in längeren Abständen zischend an. Mit seinen trüben Laternen schien das Ungetüm listig in den Wartesaal mit dem Samowar zu äugen. Jetzt erdröhnte immer öfter, kräftiger, immer stärker werdend ein anderer auf den Nachbargleisen rückwärts heranrollender Samowarzug. Er schleppte geschäftig einen unscheinbaren Güterwaggon hinter sich her, der seine dünnen Räder schnell und fleißig drehte, als wolle er eifrig die durch seine Beförderung verursachten Mühen erleichtern. Schnell sausten die beiden Züge aneinander vorbei. Aber dennoch fanden die Samowarheizer noch Zeit, einen amüsierten Blick zu wechseln, des kupferfarbenen Zimmersamowars wegen, des kleinen Brüderchens, das wie ein plumper, gelehriger Bär eifrig tätig war und sich vor den Reisenden wichtig machte.

"Isch - wisch - tisch - isch" zischte grinsend der verschwindende Riesensamowarzug und bewegte sich auf seinen Rädern, indem er sie dienstbeflissen auseinander- und wieder zusammenzog. "Wisch- Wisch-tischtuer, wisch-tisch" ließ sich hier im Baßton auch der ältere, große Bruder vernehmen, der auf dieses brüderliche Treffen gewartet hatte. Er verschwand trotz seiner Riesengröße schnell und gewandt und brummte in tiefem Baß seinem Bruder als Abschiedsgruß zu: "Wisch-Wisch-tischtuer - wisch-tisch."

An den Gleisen entlanggehend, tauchte aus der Dunkelheit mit einer Laterne in der Hand ein leicht hinkender Eisenbahner auf. Er schob den Stehkragen am Hals hoch, kam auf dem Waggon zu, sah dort jemanden und schrie böse: "Was für ein Dienst ist das, auf dem Tender ohne Fressen, als Lückenbüßer, es schüttelt dich, den Hintern schlägst du dir ab, und jetzt auch das noch; nach zwei Tagen Dienst kriegst du auch noch einen Rüffel wegen einer Generalin in Ohnmacht. Vom Kohlengas war sie betäubt, sagen sie. Im überheizten Abteil ent-deck-te man sie... Was für ein Kummer! Aber was ist denn mit mir, wenn mir, halb ohnmächtig, die Beine vom Leib fallen. Das, sag nur, haben sie nicht entdeckt... aber hier..., plag dich von neuem für andere." Er hielt an, gab Signal, indem er wütend die Laterne schwenkte. Der unsichtbare Gesprächspartner antwortete nicht. Und dann, mit einer Stimme, mit der gewöhnlich die Kutscher feurige Pferde zur Vernunft bringen, brummte er bedächtig sich selbst zu: "Schon gut, Landsmann, hör auf, dich aufzuregen, genug, die Schlafwagen sind schon da!" Er fuhr fort, schweigend mit der Laterne zu winken, schließlich gab er auf. "Der sieht nichts", murmelte er. Und nach einem Augenblick angestrengter Aufmerksamkeit rief er noch einmal gereizt, aber leiser: "Du bist wohl auch bei der Generalität eingeschrieben, Gaul, verfluchter!" , dabei schwenkte er schon hoffnungslos die Laterne. Und schnell humpelte er über die Schwellen hinweg.

Leonid brach in unterdrücktes Lachen aus. Er erinnerte sich, wie er einmal vor seinem Gast, einem Cousin, dumm mit ihm fremden Worten prahlte - mit dem schwungvoll trabenden Gaul Isoleta, - und wie dann Disa, die liebe, grauhaarige Disischa, die er noch vor gar nicht langer Zeit heiraten wollte, weiterstickte und, ohne den Kopf zu heben, sagte: "Un petit rappel à l' ordre, Leonid, il ne faut pas employer des mots comme merine" (russ.: Gaul), das Wort klang bei ihre ganz französisch. "Votre mère n'admettrait jamais l'emploi des mots pareils, elle en serait même vivement chagrinée." Und dann schaute sie ihn mit ihren klaren, guten Augen an, so als streichle sie ihn. Leonid stellte sich Disa vor, wie sie feinfühlig den Eisenbahner zurechtgewiesen hätte, und noch lachend flüsterte er leise dem Verschwindenden zu: "Monsieur le cheministe, veuillez faire attention, Madame votre mère ne saurait admettre ces expressions là, elle serait vraiment desolée vous entendre dire : merine." Seine lustigen Gedanken, sein einsames, leises, unterdrücktes Lachen in dem warmen, nächtlichen Abteil wurden ihm eine seiner liebsten Kindheitserinnerungen.

Ohne daß die Glocke zur Abfahrt des Zuges ertönte, war plötzlich die Pfeife des Schaffners zu hören, doch

nicht mit dem gewöhnlichen Triller. Das Kügelchen der Pfeife war zu sehen, es war zur Seite gerollt, hatte das kleine Loch in der Mitte verfehlt und war steckengeblieben. Es befreite sich erst am Schluß des Pfiffes und beendete ihn mit einem gurgelnden, vom Speichel feuchten Triller.
Ein dumpfes, heftiges Getöse erhob sich, der Zug erzitterte fast unmerklich, fuhr an und glitt aus dem Bahnhof. Sie kamen an einigen Bahnhofsgebäuden vorbei, die Geschwindigkeit nahm zu, und dann flog der Zug mit sanftem Schaukeln hinein in die einlullende Nacht ..., war selbst wie das Aufblitzen eines Traumbildes, riß sich fort in die nächtliche Weite, Leonid einwiegend und seinen Phantasien zustimmend.
Er schaute immer noch aus dem Fenster. Der sternlose, bewölkte Himmel erhellte sich ein klein wenig von dem späten, abnehmenden Mond, der jetzt aufging ... In der Ferne konnte man flache Felder erkennen und nicht weit weg die schwarze Kette eines Waldes. Sein vorderer Rand war ohne Bewegung, doch weiter hinten glitten bald ganze Waldstreifen vorbei, die den Zug begleiteten. Bald warfen sich einzelne, aus der Dichte des Waldes herausragende Baumgipfel hoch, holten ihn ein und schlossen sich der stummen, nächtlichen Jagd an. Bäume, die er niemals erreichen, niemals berühren und bei Tage sehen würde.

PHANTASIE

Schon in meiner frühesten Jugend verliebte ich mich ungewöhnlich stark, und damals erfand ich eine künstliche Wolke. Zu dieser Zeit begeisterten mich Chemie und Physik, und ich hatte ein eigenes kleines Laboratorium. Ich konstruierte einen ziemlich komplizierten Apparat, erzeugte sozusagen Wolken und lud sie ausreichend elektrisch auf, damit sie ein paar ganz ungefährliche Blitze hervorbringen sollten.

Dies dachte ich aus, um meiner geliebten Schönheit donnernde Gewitterwolken zu Füßen zu legen... Ein echter Poet war ich, hatten Sie das nicht erwartet? Ja, so erzeugte dieser Apparat Wolken, ungefähr ein Arschin lang, längliche und ziemlich dichte, und oft schwebten sie im Laboratorium um mich herum, weiß wie Eischnee. Und wenn sie zusammenstießen, entluden sie sich knallend. Manchmal streiften sie meine Hände, das Gesicht, dann kitzelten mich spielende Blitze... Einmal nun ließ ich ungewollt aus diesem Gerät eine Wolke heraus. Summend begann sie in meinem Laboratorium zur Tür zu gleiten, die ich zu schließen vergessen hatte. Ich sprang zur Wand, um einen japanischen Fächer zu ergreifen - ich besaß eine ausgezeichnete Sammlung japanischer Fächer - aber konnte ihn nicht sogleich von der Wand herunterreißen. Endlich lief ich hinter ihr her, erreichen konnte ich sie erst im Gastzimmer, - ich hörte wie sie ziemlich heftig grollte - so wie, wissen Sie, manchmal kleine Hündchen knurren mit grollendem Baß. Als ich sie einholte, begann ich mit dem Fächer zu arbeiten, mühsam versuchte ich sie aus dem Haus zu bringen. Aber trotz all meiner Anstrengungen zog sie sich starrsinnig zum Lüster hoch, summte, erblaßte, erzitterte von Zeit zu Zeit wie im Schüttelfrost. Schließlich schlug aus ihr etwas wie eine brennende Stricknadel in den Lüster, ohrenbetäubend begann sie zu dröhnen, der Lüster kam ins Schwanken, danach riß sie auf, und aus dem Wölkchen ergoß sich ein Regen, gerade auf den Teppich. Das dauerte übrigens nur eine

Minute, sogar weniger, aber die Pfütze war ganz gehörig. Das Wölkchen beruhigte sich, wurde still, - da lockte ich den Schelm auf die Terrasse.

Schon brach der Abend herein... Gerade mir gegenüber, am Horizont, sank die Sonne herab auf die glühenden Wolkenfetzen. Ihr unterer Teil dehnte sich anschwellend aus, und der obere hielt sich gerade noch als plattgedrückte Halbkugel. Weiter rechts lagen die Wolken in ungleichmäßigen Schichten, eine auf der anderen. Aus ihnen brachen wie mit blitzenden gezückten Klingen lautlose Eruptionen hervor. Die Wolkenränder saugten die Sonnenstrahlen auf wie Löschpapier und säumten die Wolken mit schimmernden Borten... Die Sonne erfüllte mit ihren Strahlen auch meine Wolke. Oh, wie ich mich freute, daß auch sie rot erstrahlte, wie die echten Wolken beim Sonnenuntergang.

Und sie machte sich ganz leicht, durchsichtig und begann nach oben wegzugleiten. Ich streckte die Hände aus, sie berührte sie, umkreiste meine gespreizten Finger, als wären sie Bergkuppen und blieb stehen. Ich rührte mich nicht. Und das Wölkchen wurde immer durchsichtiger, und irgendwo, vom Rande her knisterten wispernd winzig kleine Blitze, und schließlich sogen es die Sonnenstrahlen in sich hinein. Es roch ein bißchen nach Ozon, und das war alles... Ich blieb noch stehen, mit ausgestreckten Armen.

Das Dorf war nicht weit von unserem Gut entfernt. Von dorther kam der Klang von Sprechen und Gesang, unaufhörlich, immer gleichtönend auf den Vokalen o a, o a, idyllisch und miniaturhaft, so, als ob dort alle Zwerge und Zwerginnen seien... Die Kühe brüllten, - die kleinen Kühe, der Hund bellte, - der kleine Hund: so kommt doch alle unter mein Wölkchen.

Die Wildtaube rief mit samtigem Tremolo, auch der Himmel wurde samtig, grau, und stellenweise waren, wenn man genau hinsah, Trauben durchsichtiger Bläschen sichtbar... Und dann schien es - ich schaute, unverwandt ohne die Augen abzuwenden, als stiegen von der Erde durchsichtige Kugeln auf, einige zerplatzten in plötzlichem Aufstrahlen. Blies nicht die Wildtaube aus Strohhalmen diese Seifenblasen, auch der Ton war ähnlich, wie mir damals schien.

Am Himmel begannen die ersten Sternchen zu schimmern, als gingen sie mit Füßchen durch Samt. Plötzlich zeigte sich am Wolkenrand ein starres Auge, klar und scharf, das Sternchen erzitterte, das himmlische Flieglein, aber jene Spinne, der Rücken ein einziges Auge, saß da, schob sich hinauf, folgte dem Opfer.

GESCHLOSSENE TORE

Das Schweigen der Schatten und die Leere des Winterabends.

Der Park wird geschlossen. Er ist schon leer, die Kinder hat man hinausgeführt, die letzten Spaziergänger durchqueren ihn schnell - noch stehen zwei, drei Tore offen, die übrigen Ausgänge sind schon geschlossen, und die Glocke des Wächters erinnert, daß die Zeit beendet ist, der Park wird geschlossen.

Schnee fällt in schräg laufenden Strichen. Nur rings um die hohen Bogenlaternen, die lilafarbenen, hellen, von deren Wärme eine Luftbewegung ausgeht, die den Schnee wegbläst, wirbelt er, tanzt und leuchtet, und aus ihrem Licht herausfallend verlöscht er abendlich und zergeht im Nu wie in der Sonne, seinen Untergang in Zauberkünste verwandelnd. In der Stille ist die Glocke des Wächters zu hören und das Rieseln des Schnees. Die Fußspuren im Garten sind verwischt. Der auf die Wege gestreute, rote Sand scheint jetzt, vom Schnee übersät, grau zu sein. Auch die Bänke sind von ihm bedeckt, und durch ihn hindurch heben sich jetzt noch dunkel die hölzernen Bretter ab.

Schließlich schreitet der Wächter vorbei, groß und gewichtig, mit der vom Schnee überrieselten Schafspelzmütze, dem um den Hals gewickelten Kapuzenschal, der den Kopf noch breiter erscheinen läßt, im schwarzen Uniformmantel, den hellen Filzstiefeln und Fäustlingen, die fast wie gestärkt wirken. Er geht, ohne zur Seite zu blicken, ohne zu prüfen, ob alle hinausgegangen sind, gerade so, als sei er von ihrem Gehorsam überzeugt. Er denkt schon nicht mehr an das Schließen des Parks, sondern an andere, nicht dienstliche Dinge. Er hebt und senkt die Glocke, die er mit dem steifen Fäustling an ihrem Griff hält. Jetzt klingt sie nahe, dann entfernter mit erst klirrendem, dann leise endendem Ton, einer gläsern anschlagenden Zunge gleich. Und jedesmal, wenn er die Glocke mit dem steifen, vom Frost erstarrten Gelenk nach oben schwingt, neigt er gleichzeitig den Kopf, gerade so wie ein Blüte, unter deren Schwere sich der Stengel beugt.

Und wenn man nun, so wie es Kinder tun, von der Straße her durch das Gitter, das verschlossene Gittertor schaut, den Kopf nach oben hebt zu der Laterne, hineinspäht in den nun ganz dunklen, beängstigenden Ort, plötzlich überrascht von der größer gewordenen starken Stille und Leere, dann scheint der Park gestorben, getötet zu sein. Der Tag ist zu Ende. Der Park wird geschlossen.

Die Erinnerung an diesen leeren, verschneiten Park, als Bild des Endes bleibt der Kindheit eingeprägt wie ein Siegel. Manchmal nur blitzt die Erinnerung auf: der Geruch des Schnees und der Klang der Stille, das Rieseln des Schnees, der in schrägen Strichen fällt, als gehorche er den Regeln der Schönschreibung, sein Tanzen im Licht der Laternen und der entfernte Ton der Glocke, der schon nahe zu hören war, sich dann allmählich entfernte, verstummte und wieder von neuem abschiednehmend erklang, und damit verbunden das scheinbare Stärkerwerden der Kälte, die einsame Gestalt des Wächters, das samtene, starke Knirschen seiner Filzstiefel auf dem Schnee, dann die frostige Leere des Parks.

Und sehr viel schwächer schon die Erinnerung an die Rückkehr nach Hause ins Warme: das Aufbinden der in das Kinn einschneidenden Bänder beim Ablegen der Ohrenklappenmütze, der Tee und die länglichen, Piroggen ähnlichen Trauben, die mit dem Obstmesser geschnitten und mit der Schnittfläche nach oben auf das Tellerchen gelegt waren, das, um sie zu wärmen, auf dem Heißwassernapf des Samowars stand. Und wenn die halbierte Traube, lauwarm und deshalb ihrer Anziehungskraft beraubt, mehr noch, den Geschmack beleidigend, in den Mund kam, schmeckte die Zunge plötzlich, sich erinnernd, den frostigen Platz übermütiger Spiele, die Kälte des lustigen Schneehügels, die Spiele und den verlassenen Park.

Schon in der Kindheit gibt es die Ahnung vom Ende. Vielleicht wird der Mensch damit geboren. Beim Neugeborenen ruft sie den ersten Schrei hervor, und dann, zunehmend bewußter, bewegt diese Ahnung das Kind, den Heranwachsenden, um ihn schließlich zum letzten Mal zu "schütteln" wie der unreine Geist des Besessenen, der nicht weichen will. Dann verschwindet jenes Gefühl für immer an der Schwelle dieser zweiten neuen Geburt. Sie ist so im Bewußtsein verborgen wie die erste, und nach ihr ist die Kindheit meist unzugänglich verschlossen. Schon ist da ein anderes Leben, ein anderer Lauf der Welt, eine andere, irgendwie traumlose und gegensätzliche, in vielem zusätzliche Wirklichkeit. Ganz anders das "nichtschlummernde Auge des reifen Bewußtseins", verarmt und immer wiederholend: "Es war so, und es wird weiter so sein, und niemals endet es." Das ist der Geist des Erwachsenseins, das ständige, aufdringliche Tretrad der späteren Jahre.

Das Kind bekämpft und bekriegt die Ahnung vom Ende, und von den Früchten seines Kampfes lebt der Erwachsene. Das Kind kämpft mit seinem ganzen Wesen, seinem ganzen kleinen Körper, besonders hellhörig, stark empfänglich, erfüllt von einer gesegneten Kraft, einer Dynamik der Erkenntnis. Es wächst in die Welt, vorbei an den Bedrohungen des allgegenwärtigen Endes. Das Kind kämpft und lernt zu siegen, wohl von der Zeit an, da es anfängt seinen Blick anzuhalten, zu sammeln, wenn es beginnt, seinen Kopf aufzurichten, sich auf die Ellenbogen zu erheben, indem es die Bewegung des aufsteigenden Keimes nachahmt, des Böhnchens, das die Erde durchbricht im berstenden Helm seiner Hülle.

WASSERWEGE

Ein russisches Kriegsschiff fuhr von den Küsten Chinas nach San Francisco, um Flagge zu zeigen. Schon seit vielen Tagen waren die beiden aneindergeschmiegten, felsigen Inseln, die letzten Fleckchen Asiens, stacheligen, chinesischen Drachen ähnlich, dem Blick entschwunden.

Heute morgen und bis jetzt zeigten sich die Naturgewalten günstig, waren besonders friedlich. Aber nicht mehr lange; unaufhaltsam näherte sich ein Sturm. Vereinzelte Wellen rollten langsam unter dem Schiff hin und her, vorsichtig hoben und senkten sie es. Die aufgehende Sonne erhellte eine riesige, sich ruhig wiegende Wasserscheibe und den sie sanft umschließenden, klaren Himmel. Im Morgenrot begannen die Fische zu planschen, Delphine sprangen. Doch bald nach Sonnenaufgang wurde der Meeresspiegel leer, und das Schiff setzte seine einsame Fahrt fort.

Es zeigt sein scharfes, kühnes Profil und die aufgezogenen weißen Wellen der Segel; und unter ihm immer die gleiche, sich nicht verändernde Wasserscheibe. Es steht da, fast wie verzaubert, unbeweglich auf der Stelle, im Zentrum dieser Scheibe, überdeckt von der einfarbigen Glocke des Himmels. Es hebt und senkt sich nur mit den unter ihm laufenden Wellen.

So nahm es auch der noch sehr junge Leutnant wahr, der unter den geblähten Segeln auf der Kommandobrücke stand, und er blickte unwillkürlich hinter sich auf die Spur, die das Schiff auf seiner Fahrt zurückließ. In langen Streifen zog sie sich in die Weite, und wie sehr auch die Wellen sich auf sie stürzten, sie konnten sie nicht vom Angesicht des Meeres wegwischen.

Gleichzeitig mit dem mächtigen Tosen des Meeres, dem Zischen des auseinandergeteilten Wassers, war unter dem Schiff ein gemächliches Glucksen, ein leises Plätschern zu hören, - das Kielwasser hatte eine Furche gezogen. Wie ein großer Bach lag sie in der Meereswüste. Manchmal, wenn die Wellen schon sehr stark gegen sie schlugen, veränderte sie unwillkürlich ihren Lauf, krümmte sich zu einem Halbkreis, aber verschwand nicht. Als dieser Bach unter dem Schiff herauskam, fühlte er sich wie zu Hause, als wäre er nicht in dieser gefährlichen Weite, in der morgen ein Orkan toben wird, sondern in den welligen Tulaer Feldern, Wiesen, Hügeln und Schluchten.

Er besaß seine eigenen kleinen Wellen, sein Kräuseln und seine schimmernden Fischschwärme. Und wie war es zu verstehen, woher er diese Kreise schuf, die wie ein unbestimmtes Lächeln sich bildeten und wieder auseinanderliefen. Es gibt sie nur in den stillsten Bächen und Flüßchen. Sie entstehen von den Bewegungen der Wasserspinnen, den aufs Wasser stoßenden Libellen, vom Schwimmen der ausgeworfenen Angeln auf dem Wasser, vom auftauchenden Frosch.

Der Leutnant stellte sich diesen auftauchenden Frosch ganz deutlich vor, wie er sich schräg aus dem Wasser herausstreckte, die Hinterbeine bewegte, sich dem Ufer näherte und mit gespreizten Beinen starr anhielt. Klar zu sehen war der grünliche kleine Rücken mit den länglichen Streifen und den braunen Tüpfelchen. Eine unvorsichtige Bewegung - und rasch tauchte er unter, die Fersen in der Luft aneinanderschnippend.

Mitleidig erinnerte sich der Leutnant an das, was er damals gesehen hatte. - Da tauchte dieser Dicke, Vertrauensselige auf. "Ej, was für ein Ekliger!" zischte ein Bauernjunge, und ohne die Augen von ihm zu lassen, suchte er vorsichtig im Gras einen Stein. - Die russischen Dorfjungen sind die geschworenen Feinde der Frösche. - Der Frosch bewegte sich nicht, nur die Haut des Kopfes schwoll rhythmisch an, er atmete ruhig, langsam. Der Junge hatte den Stein gefunden, zielte und traf mit geschicktem Wurf. Im plätschernden Wasser tauchte die winzige, weiße Brust des Frosches auf, und er schaukelte, schon tot, mit ausgestreckten Beinen. Langsam drehte er sich, gleichsam, als wolle er sich von allen Seiten betrachten lassen, lag leicht auf dem Wasserspiegel; Schaumblasen, klein wie Glasperlen,

kamen aus seinem Mund und mit hochgestreckten Hinterbeinen ging er unter. Bald, nachdem er in dem dunklen Wasser verschwunden war, erhob sich eine große, flache Blase, bewegte sich sanft aus der Tiefe an die Oberfläche, beschloß diese Froschtragödie.
Und ebenso klar wie an den Frosch erinnerte sich der Leutnant auch an eine Bootsfahrt das stille Tulaer Flüßchen hinunter, umrahmt von Weiden und struppigen Büschen. Langsam trug die Strömung das Boot dahin. Der Fluß war hier gewunden, und so drehte das Boot von Augenblick zu Augenblick mal nach rechts, mal nach links, und fast jede Biegung - so erinnerte er sich - brachte etwas Neues.
Dort ragt am Ufer eine Fischreuse aus dem Wasser, eine Katze fischt hier; vom Ufer aus streckt sie abwechselnd mal von dieser, mal von jener Seite die Pfote aus, versucht alles, die Reuse zu erreichen. Ja, und dann dieser Alte, ein rüstiger Greis. Am Ufer hockt er, in jeder Hand eine winzigkleine Angel. Neben ihm sitzt auf den Hinterpfoten ein zottiges Hündchen und hält zwischen den Zähnen eine dritte Angel. Aus dem Buschwerk dringt Lachen. Der Hund spitzt die Ohren. Der Alte lauscht gespannt, schaut sich um und bewegt die Nasenflügel wie ein Hund in der Luft schnuppernd, dann beugt er sich wieder über die Angel, schmunzelt, den Kopf wiegend. Doch dann begannen alle Angeln gleichzeitig zu tanzen. Der Alte zog seine heraus, an jeder ein Kaulbarsch. Das Hündchen knurrte und zog auch seine Angel nach oben ans Ufer.
Kreischen, Lachen, Planschen. Das Boot, das erneut um eine Windung bog, befand sich inmitten badender Mädchen. Sie bespritzten sich gegenseitig mit Wasser, rangen wild miteinander und tauchten sich gegenseitig unter, wie Wassernymphen schwimmend. Mit Schreien und Lärmen, das Wasser schaumig aufwirbelnd, schwammen sie, beim Erscheinen des Boots in alle Richtungen davon, die meisten zum Ufer, versteckten sich im Gebüsch. Die übrigen tauchten bis zum Hals ins Wasser unter, erröteten voller Scham und bedeckten

das Gesicht mit den Händen. Da, plötzlich sieht er, wie nahe beim Boot das Ende eines Zopfes auftaucht, mit einem eingeflochtenen feuchten Bändchen. Der Zopf kommt höher, - und dann - eine Hand - die Hand zieht den Zopf herab, und der Haarschopf verbeugt sich einige Male vor ihm. Im selben Augenblick taucht die Besitzerin des Zopfes auf. Schwungvoll mit den Händen das Wasser schlagend, schwimmt sie mit glühendem Gesicht zu den Büschen, die sich bewegen, schwanken, und aus denen es von Lachen sprudelt. Die nächste Windung des Flusses, und die Badenden waren verborgen. Wieder Planschen, fröhliches Lärmen und eine übermütige Stimme lud ein: "Alter, bewege dich, laß' uns schwimmen, spiel mit uns!" Die anderen schrieen noch ausgelassener: "Großvater, he Großvater, hör auf mit dem Fischefangen, hör auf! Wir holen dir solch ein Fischlein heraus, daß du heulen wirst,... hinunter, hierher, den Bart putzen wir dir, kämmen ihn, rupfen ihn aus." Plötzlich übertönte eine dunkle Mädchenstimme das Lachen und Kreischen mit singenden Worten:
"Abendrot, liebes Abendrot, schönes Abendrot, ach.
 Ach mein Fluß, lieber Fluß, mein Flüßchen."
Das Lied klang, der Fluß trug es weiter, klar, ruhig, und auf einmal schwang da, in diesen durch Seufzer auseinandergezogenen Worten eine Welle echter, tiefer Traurigkeit. Immer ferner waren der Gesang und die anderen Stimmen zu vernehmen, gerade so, als gingen sie fort in das Unterwasserreich.
Nun wurde der Fluß breiter und langsamer, fast wie mit Bangen zog er sich zu einem runden Berg hin. Ein schwarzer Schatten legte sich auf ihn, und es wurde eigenartig still und leer. Diese Stelle galt als verrufen, hier konnte man leicht ertrinken, und nicht selten waren dort schon Menschen umgekommen. Der Fluß umkreiste halb den Berg. Von neuem erhellte ihn die Sonne, und gleichzeitig wurde es laut von schwimmenden Schnaken und allerlei Käfern, Libellen und Vögeln, die auf der sonnigen, ungefährlichen Seite des Berges lebten.

Am Berghang lag ein Dorf: eine bunte Kirche und daneben ein Friedhof. Frauen mit Tragjochen am Brunnen, ein Bursche in einem roten Hemd lenkte in einer Telega stehend und lässig die Zügel bewegend ein feuerrotes Pferd zum Brunnen. Bei den Hütten, den Gärten und Gemüsefeldern - eine Mühle, ein Brücklein - all das, wovon in den russischen Liedern gesungen wird. Dann entschwand alles dem Blick.
Die Ufer des Flusses wurden steiler, die Strömung schneller. Das Boot begann die Steine auf dem Grund zu streifen, und der Fluß bildete große Wellen, die sich zu einem Netz verknüpften und in Zöpfe flochten. Das Boot blieb stehen, aufgehalten von einem steinigen Felsen. Die feuchten Steine glänzten in der Sonne, das Wasser rieselte. Es rann von einem großen, durchlöcherten Stein zurück, lief gurgelnd und in schillernden Farben über. "Geradeso, als spüle sich jemand den Hals", dachte er. Ohne es zu gewahren, war er im Boot in einen leichten Halbschlaf gesunken: Vor ihm blitzte es auf. Waren es Töne oder Funken von Licht? Näherte sich ihm ein Wohlklang, oder floß da etwas über in den Farben des Regenbogens? Dann fühlte er: Zuerst verschwanden eine Art unsichtbarer Schranken, und mit jeder zerstörten Schranke wurde alles fröhlicher, freier. Ein feuriges, zerfasertes Rad rollte auf ihn zu, von ihm kam solch ein Wehen von Glück, es leuchtete bedeutungsvoll mit glühenden Augen auf, trillerte und verschwand. Als er erwachte, dämmerte es schon. Lange saß er dann, lauschte, wie der löchrige Stein sich den Hals spülte.
Hier verließ der Leutnant in seinen Gedanken die Heimat. Am Horizont flimmerte etwas, mal erschien es und verschwand wieder. Schließlich blieb ein kleiner, dünner Strich stehen - ein weit entferntes Schiff. Das Strichlein stand ziemlich hoch über dem Wasser, und es schien, als zögen sich Wellenhügelchen zu ihm hin, die es nicht erreichten. Der Leutnant begann sie aufmerksam mit den Blicken zu verfolgen und bemühte sich, den Augenblick einzufangen, in dem der optische Betrug ver-

schwinden und das Schiffchen sich auf das Wasser setzen würde. Doch das unbekannte Schiff streifte langsam den sichtbaren Horizont, strich über ihn hin und ging fort in die Tiefe der ozeanischen Weite. Das Strichlein war verschwunden.

Das Meer spielte mit der Sonne. Es fing die Sonnenstrahlen auf, jonglierte mit ihnen; nach allen Seiten feurige Funken verschießend, warf es sie hoch zurück zur Sonne. Es war wolkenlos wie vorher. Nur am Horizont, wie auf einen Schlag, wurde der Himmel dunkel und verlor seinen Glanz. Er verblieb eine Zeitlang in diesem bedrohlichen Zustand und erhellte sich dann wieder.

Die Fahrt des Schiffes ging weiter. Nur die seltenen Kommandorufe, das Geräusch der Instrumente und das der arbeitenden Matrosen waren zu hören. Ein ruhiger Wind blähte die Segel, warf die Flagge mit dem Wimpel nach vorn, Dort, wo das Schiff zu sehen gewesen war in seiner imaginären Fahrt auf der Stelle, im Zentrum des ozeanischen Kreises, unter der Glocke des Himmels, da war es schon lange nicht mehr. Von dorther schien es ein schwarzes Kelchglas mit weißen Blumen zu sein, dann nur noch ein kleiner Strich. Es erhob sich über den Horizont und verschwand.

NACHTWEIDE

Und dort unten unter diesem erkaltenden Himmel erbleichte die Erde. Schatten rückten wie tiefschwarze Traber mit Macht vor gegen den Sonnenuntergang. Ihnen folgte Dunkel um Dunkel, kam näher und näher, breitete sich aus hier und dort, wurde dichter und dichter. Und so wie der Zug in Windeseile weiter nach Osten jagte, senkte sich immer rascher die Dunkelheit nieder. Unnatürlich schnell, in fiebriger Hast trat die Gestalt der Finsternis herein in die Nachtweide der Pferde.

Im Dorf, vor langer Zeit, war das Stampfen der Pferde zu hören, die sich im Tor drängten, und schon im voraus gab es Kunde von der nächtlichen Wache, während noch das Abendrot glühte... Doch schon nächtlich klang das Stampfen der Hufe, das dünne Wiehern der Fohlen, tönten die Stimmen der Stalljungen, die Stimmen des Pferdeknechts und des Kutschers, war das Knallen der Peitschen zu hören, der sehr langen, aus Roßhaar geflochtenen, die flüssiger Lava gleich auf die Pferderücken schlugen. Alle diese schon nächtlichen Geräusche verschmolzen nicht mit dem Lärm des zu Ende gehenden Tages, dem schnarrenden Rufen der Wildtauben, dem abendlichen Gesang der Vögel und dem ausklingenden Lied des Sonnenuntergangs.

Danach erst wurde es ganz dunkel. Die schwarze, gleichfarbige Pferdeherde in der undurchdringlichen Finsternis lebte ihr nächtliches Leben. Und die noch nicht an die Dunkelheit gewöhnten Augen konnten in einer solchen mondlosen Nacht und bei diesem bewölkten Himmel nur einzelne, unscharfe, wie von Kohle gezeichnete Konturen von Pferden unterscheiden, die in der schwarzen Nacht über die schwarzen Weiden streiften und konnten mal hier, mal dort die glänzenden, anthrazitfarbenen Spiegel der Pferdeaugen erkennen. Nur im Licht des Wachfeuers war die Stute nicht schwarz, sondern falb, der Hengst nicht schwarz, sondern braun, und das Fohlen war nicht schwarz in diesem Licht, der nächtliche Streuner; und man konnte sehen, wie es brav und anmutig spielte.

Texturale Komposition 2, 1989, 15 x 20 cm

WURZELFRUCHT

Im separaten Kellerzimmer eines Gasthauses, das von dem Geruch kräftiger und wohlschmeckender Speisen erfüllt war, saßen sich der schwerfällige, langsame Soswaiskij und der unruhige, lebhafte Wiksin am Tisch gegenüber. Wiksins rechte Gesichtshälfte war verschmitzt und fröhlich, auf der linken Seite aber sah man eine am Ende hochgezogene Braue, einen etwas gesenkten Mundwinkel und ein fast gläsern wirkendes Auge. Und dieses linke Gesicht wirkte beleidigt und zur selben Zeit gleichgültig.

Wiksin wandte sich mit seinem rechten Gesicht Soswaiskij zu, und unter dem rechten Lid hervor schaute er mit rollendem Auge zu ihm hin.

Soswaiskij sagte mit ernster Stimme: "Wer weiß, wo man seine Gedanken suchen muß: in den Wurzeln der Bäume, im aufgehäuften Herbstlaub, im ausgepreßten Saft der Kartoffeln bei uns in der Fabrik, unter den im Wasser versunkenen Baumstümpfen..., oder in den Schuppen der Fische, im schweren Atem des Viehs in den Winterställen..., vielleicht im Schrank, wo die Wäsche ordentlich liegt und nach Sauberkeit duftet, im Summen des Samowars oder im dornigen Heckenrosenstrauch? Du beginnst dich herauszuwinden, willst dir einen kleinen Gedanken herausziehen, aber der Strauch hält an dem Seinen fest, klammert sich mit den Dornen daran .... dann noch...", er stockte...," in... in... in diesem, wie heißt das noch...", wieder stockte er, richtete die Brille, versank in Gedanken.

Wiksin fing an, unruhig zu werden, klopfte auf den Tisch, klatschte in die Hände, rief nach der Bedienung: "Den Samowar bitte!" Rasch wandte er sich zu Soswaiskij: "Das Samowarchen soll singen, das wird Ihnen weiterhelfen." Dann zur Bedienung: "Den Samowar und die Lampe bitte! Es wird schon dunkel hier. Ja, Frol Ossipitsch, legen Sie das Mäntelchen ab, hören Sie auf, wie eine Rübe zu schmoren. Hier ist solch eine Hitze, sehen Sie, wie das Fenster beschlagen ist."

Er stand auf, ging zum Fenster und rieb es mit dem Ärmel des Jacketts ab. "Ja-a, wirklich, ich ziehe ihn aus", stimmte Soswaiskij zu. Mühsam wickelte er sich aus seinem drappierten Mantel - das Futter war in den Nähten gerissen, alles hing in den Ärmeln fest und behinderte ihn. Er warf den Mantel über die Stuhllehne. Der Stuhl kippte um. Soswaiskij bückte sich ächzend, hob den Stuhl auf, hielt ihn an der Lehne fest, so, als wolle er ihn in den Boden hineindrücken und ließ ihn los. Der Stuhl fiel von neuem um. "Es scheint, mit dir stimmt was nicht." Rot vor Anstrengung hob er ihn wieder auf, hielt ihn abermals an der Lehne fest, wollte ihn schon loslassen, besann sich aber dann, nahm den Mantel von der Stuhllehne, legte ihn auf den Sitz und setzte sich endlich, als wolle er so seinen ungeschickt gewonnenen Kampf besiegeln.

Die Spirituslampe wurde hereingebracht - im Gasthaus gab es noch kein elektrisches Licht - dann stellte man den Samowar auf den Tisch. Mit feinem Stimmchen zog er einen Ton, riß dann ab, lispelte etwas mit schnellem Gemurmel vor sich hin, fauchte, spuckte und nahm von neuem seinen Ton auf. "Frol Ossipitsch, wie wäre es mit einem Gläschen?" schlug Wiksin vor. "Mit Vergnügen... Uff... ja, warum nicht auch einen kleinen Happen dazu? Bei Julia Matweewna werden wir nicht früher als in eineinhalb Stunden zu Tisch sitzen, nehmen wir also einen Bissen zu uns." Er rief die Bedienung: "Könnte man gesalzene Steinpilze dünsten und in Nierenfett braten, ja ... und dazu noch die Niere von einem jungen Kälbchen! Das steht heute auf der Speisekarte. Dann Würstchen in ordentlichen Scheiben hinein..., noch ein Zwiebelchen und vor allem gepreßten Gemüsesaft, ich meine aus weichem Gemüsefleisch. Den gepreßten Saft soll man dazugeben, aber nicht zu viel. Das alles muß dann, wie schon gesagt, gedünstet und in Butter angerichtet werden. Dann noch Sahne darauf und alles noch einmal aufwallen lassen! Ja, und geschälte Eier mit hartem Eiweiß und noch weichem Eigelb müssen hinein, und - auf den

Tisch! ... Dazu bitte noch ein Fischchen in knusprigen Semmelbröseln! Nun, und dann wollen wir uns an unsere lieben Pilze und Fische machen." Der Kellner ging hinaus. "Was ist denn nur mit Shiganskij ? Ich will ihm ein Vergnügen machen, aber er..." "Er wird schon noch kommen", antwortete Wiksin. "Ja", meinte Soswaiskij, "wenn wir uns zu unserer beleibten Julia Matweewna hierher in die Vorstadt aufmachen, zum Essen, zur Unterhaltung - weit ist das für uns - so ist das doch schon eine Gewohnheit, früher zu kommen, hier zu warten; und dann hört Shiganskij mir zu, und wie er zuhört!"
Sie begannen vorsichtig schluckend den glühend heißen Tee zu trinken, zwackten ihn förmlich mit den Lippen ab, einige kleine Schlückchen schnell nacheinander und - eine Atempause. Die Gesichter röteten sich, wurden schweißbedeckt, fingen an zu glänzen. Die Nasenwurzel und die Augenlider Soswaiskijs waren ganz feucht, und seine oberen Lider hingen herunter wie leere Säckchen mit Warzen darauf. Auf dem linken Augenlid war davon ein ganzes Bündel. "Ganz wie das Euter einer Kuh, die keine Milch mehr gibt," dachte Wiksin. Und während er auf das feuchte Augenlid mit den Tröpfchen an den Warzenenden blickte, stieß er zwischen den Zähnen hervor: "Dünsten wir aus, dünsten wir einen kleinen Gedanken aus, melken wir die Gedanken, melken wir sie." Soswaiskij hörte kurz auf, Tee zu trinken, argwöhnisch und sogar irgendwie wütend, bemüht, sich nicht zu bewegen, starrte er auf Wiksin. Doch Wiksin wandte ihm sein linkes, beleidigtes Gesicht zu und schaute gedankenleer wie mit dem Blick eines Fisches. Soswaiskij schmunzelte: "Der arme Teufel, Shiganskij, wie ärgerlich wird er auf sich sein, daß er zu spät kommt. Er liebt meine Erzählungen so sehr, und heute hätte er etwas über die Fische gehört. Mit Fischworten hätte ich zu ihm gesprochen, mit Fischaugen ihn angeschaut." Dabei sprach er den Anfangsbuchstaben leicht und samtig aus, verneigte sich dabei und betrachtete seinen Nachbarn. Im Schatten konnte man Wiksins anderes Gesicht sehen

und ein lebhaftes scharf beobachtendes, bösartiges Schalklächeln ausmachen. "Nun, ich habe Pech gehabt, daß ich ausgerechnet auf ihn getroffen bin", dachte Soswaiskij. "Aber warum drängte er sich denn auf, man sagte, daß auch er sich für meine Erzählungen interessiere."
Er blickte zum Fenster und hielt dabei die Hand vor die Lampe. Dort draußen, in der hereinbrechenden Dämmerung, eilten sich entgegengehende Beine vorüber. Beine in Hosen, in Röcken, in fersenlangen Mänteln... Beine mit Generalstreifen gingen vorbei. Beine auf französischen Absätzchen klapperten daher, alte Galoschen schlurften entlang, und ihnen folgten neue, glänzende, modische Schuhe, mit Verzierungen auf den Spitzen. Ein großer, zottiger Hund hob dicht vor dem Fenster das Hinterbein hoch und spritzte einen kleinen Wasserstrahl, der auf der Scheibe einen Fleck hinterließ und als schäumendes Bächlein am Fenster herunterlief. Eine ganze Horde von Kinderbeinen ging vorüber, die sich stießen, sprangen und einander traten. Ein kleiner Dandy-Foxterrier versuchte, an dem auf der Fensterscheibe schon trocknenden Fleck zu schnuppern. Aber er wurde an der Kette, die an einem prächtigen, dunkelroten Halsband befestigt war, schräg nach oben fortgezerrt. Im Militärschritt folgte eine Reihe von sechs Beinen, und bei jedem Schritt bildete sich, unten zwischen den Beinen, eine kleine dunkle Allee. Die vier Räder eines Kinderwagens schaukelten vorbei, und dahinter schleppte sich ein umfangreicher Rock. Vorbei gingen Bastschuhe, irgendein spitzschnabeliges kaukasisches Schuhwerk. Und ein Bein in Begleitung eines Holzbeins, das wie eine umgekippte Flasche mit langem Hals aussah, stelzte mit einem Paar Krücken vorüber. Mal tauchten mehr Beine auf, dann wieder weniger.
- Shiganskij kam nicht.
Soswaiskij dachte tief versunken nach: "Auf seine frühere Frage, ob wohl die Vögel eine Sprache hätten, würde ich ihm vorschlagen, ganz einfach das vor der Abenddämmerung aufkommende Zwitschern der

Spatzen mit dem Lärmen der Knaben in den Pausen auf dem Schulhof zu vergleichen. Von weitem besteht da eine völlige Ähnlichkeit, nur das Knabengezwitscher ist voller. Wenn du nun aber näher hingehst, dann kannst du bei den Knaben einzelne Worte unterscheiden so wie bei den Spatzen einzelne Motive. Und unter beiden sind etliche, die sich geradezu die Kehle zerreißen... Bedauerlich, daß mir das damals nicht in den Kopf kam... An alles kann man nicht denken, vielleicht hätte es ihn auch gelangweilt. Nein, Shiganskij schätzt mich wirklich." Und er erinnerte sich, ein unwillkürliches Lächeln unterdrückend, an die Bemühung und wohl ein wenig naive Aufmerksamkeit, mit der er ihm immer zuhörte, er, sein abwesender Freund.
Am Fenster sah man immer noch Beine vorübergehen. Die Hitze und der langsame Singsang des Samowars in dem stillen Zimmer wirkten einschläfernd.
Eine solche Stubenatmosphäre ist das Element des Domowoij, des alten russischen Hausgeistes. Aus ihr entstand er, und von ihm wurden Jahrhunderte russischen Lebens geprägt. Sein Zugegensein - das ist der pudschwere Strom der Trägheit, Schläfrigkeit, Benommenheit, der Tagträumereien, wo sich in der Vermengung von Wohlleben und Schlaffheit das behende Vögelchen der Fröhlichkeit regt und ein ziegenartiges Erstaunen hervorruft und wo ein arglistiger Spießgeselle des Domowoij seine Macht spüren läßt. - ein Wanst mit einer breiten Bauchfalte - grinsend und mit Höflingsverbeugungen heißt er die Völlerei willkommen.
Aber in der Wirtschaft des Domowoij gibt es noch ein anderes Arbeitsfeld. Er hat eine besondere Vorliebe für die Wiegen. Er ist der König und das schwingende Pendel der Wiegen. In ihre stille Bewegung eintauchend, sich müde in ihnen dehnend und sich ihrem Schaukeln verbindend, verleiht er den Wiegen ihren besänftigenden Gang.
Wenn der Domowoij sich von seiner Arbeit losreißt, geht er spazieren. Nicht selten schaut er in die Kirche hinein, wo es warm ist und wo viele Menschen sind. Er kommt

nur abends, zum sechsten Psalm, zu den Kathismen, den Lesungen, weil man dabei sitzt - sofern er nicht hinausgedrängt wird. Das ist seine liebste Zeit. Er bringt dazu noch eine Meute seiner mächtigen Begleiter mit, die er sich im Morgengrauen seiner Tage, eben erst selbst erschaffen, knetete und denen er solch ungebändigte Freizügigkeit und riesenstarke Kühnheit verlieh. Einträchtig drängen sie sich in die Menge, dringen zum Kliros vor, wo der Chor steht und verflechten ihre Zauberkünste mit der Stimme des Vorlesers. Wenn der Domowoij dann in die Stube zurückkehrt, bringt er von seiner Arbeit an den Wiegen und seinen Spaziergängen das einlullende 'bai, bai' der Wiegenlieder und die verborgenen Seufzer der ausklingenden Kirchengesänge mit.

Man wurde schläfrig. Durch die Wand drang eine laute Stimme. Es war nicht möglich, die Worte zu unterscheiden. Deutlich hörbar war nur die Intonation. Die Stimme, eine männliche, sprach wortreich, voller Gefühl, energisch. Die Sätze von fast gleicher Länge strömten heraus, einer nach dem anderen. Jeder begann wie mit einem Ausruf. Am Ende senkte sich die Stimme, der Satz ging über in ein schnelles Gemurmel, und kaum war er abgebrochen, ertönte schon der Anfangsruf des folgenden, gerade so, als ob die Sätze sich in ihrem Lauf fangen und fröhlich überbieten würden. Es schien, als ginge es in ihnen, je länger um so mehr, um ein lärmendes, umfangreiches Selbstgespräch, in dem etwas Wichtiges, Notwendiges, Abgeschlossenes und gutmütig Verwegenes bestätigt wurde, und in dem sich alles vermischte und unterging. Dann erklangen nacheinander irgendwelche freudigen Schreie, Gelächter, und alles endete in einem vor Lachen lauten Husten und Niesen. Eine Pause trat ein, in der die Wirtin und der Kellner gereizt einander zuriefen. Ein halblautes Flüstern war zu hören, dann noch ein Flüstern von anderer Art, lockend, spielerisch. Hiernach vernahm man sich überstürzende Fragen, freudig erregte, übermütige, erstaunte, dann nachsichti-

ge, aufmunternde, zuletzt teilnahmsvolle. Und nun erhob sich eine andere Stimme, eine weibliche, ein dünnes Stimmchen. Zuerst verwirrte es sich ganz, verwickelte sich, verlor sich in irgendwelchen endlosen Schnörkeln, riß ab, verstummte, kam aber schließlich wieder in Gang und begann eine monotone Tirade, unisono mit dem schon still werdenden Samowar. Die erste Stimme war nur noch manchmal zu hören, mit immer weniger stürmischen und verschwommenen Sätzen, die sie nicht beendete. Dann blieb sie in zustimmendem Murmeln stecken und verstummte.
Endlich wurde ein in eine Serviette gewickelter Topf gebracht und ein Pfännchen. "Dazu Beerenkwas!" sagte Soswaiskij, der sich belebte, als alles aufgetischt war. Er nahm einen kleinen Fisch aus dem Pfännchen und fing an, ihn zu beknabbern wie einen Zwieback. Sein Schnurrbart wurde fettig, in den Bart rieselten Krümel. Der Kellner ging hinaus, schloß die Tür hinter sich, die sich jedoch mit Quietschen und Scheppern wieder öffnete. Der allgemeine Gastraum war zu sehen. Er war heller erleuchtet und dunstig von Tabakqualm und Dampf. An einem Tischende war ein breiter Rücken im Pelz über eine nicht sichtbare Gesprächspartnerin gebeugt, um den Kopf hatte sie ein Tuch gewickelt. Die Stimmen waren zu hören. Jetzt konnte man die Worte vernehmen. Das dünne Stimmchen sprach gedehnt: "Eine furchtbare Nacht, schrecklich, und die Flammen von dem Brand glühten, das Feuer schlug hoch, wie ein Kamm, und der Wind machte, daß es auf die Erde zurücksprang - auf einmal brannte die Scheune. Dem Bürschchen wurden davon die Augen und die Nasenwurzel versengt, und von der Hitze zersprangen ihm die Augäpfel. Nun, das Weib hob seinen Jungen auf, legte ihn schlafen. Am Morgen liegt er auf dem Ofen, und ruft: "Mam, Mam, warum wird es nicht hell?" - "Was denn", sagt sie zum Söhnchen, "es ist noch früh, warum schläfst du nicht, schlaf noch!" ...Aber da zwitschern schon die Vögel, Leute gehen, und der Wasserträger fuhr schon auf dem Faßwagen vorbei. Ja,

und für die Frau selbst war es Zeit, in den Stall zu gehen. Leise holt sie die Eimer zusammen, hat Angst, mit ihnen zu klappern und er wieder: "Mam, Mam, warum wird es nicht hell?" ... "Ach, du mein Freund, was für ein Kummer, so ein Unglück, was für ein Schrecken!" Der Kellner eilte mit dem Kwas herein und war gleich wieder, die Tür zuwerfend, verschwunden. Und von neuem setzte hinter der Wand das monotone, unverständliche Gerede ein.

"Ja-a", sagte Soswaiskij gedehnt, während er zusah, wie Wiksin sich aus dem Topf bediente, "ich habe keine Lust mehr auf Pilze", und zerstreut schob er das Pfännchen mit den Fischen zurück. "Bei mir in der Nähe sind Teiche, die einen Abfluß haben. Dort gibt es solche weiße und außergewöhnlich fette Hechte." Dann, plötzlich, verzog er das Gesicht und, indem er auf die Tür zeigte, sagte er: "Der arme Junge, hörten Sie das?" Abrupt auffahrend, sprach er mit unerwarteter Überzeugung: "Trotzdem, er wird durchkommen. Ich kannte einen Mann, ein wunderbarer Familienvater und Arbeiter, blind von Geburt an. Bei ihm in der Hütte war es ordentlich, sauber war es da, wissen Sie, und bei der größten Kälte war sie immer gut geheizt. Für Unnützes gab er nichts aus, wurde reich. Nicht das Sehen führte ihn, sondern der Tastsinn, und er packte das Leben am Schopf. Er war wie eine blinde Kröte in der warmen Pfote der Wurzel, die lauscht, ertastet, was sich in der Erde tut und die allmählich in ein erdliches Leben eingeht und ihre Tierseele mit ihm verbindet... Dabei war jener Mann flink, kinderreich und ein Schelm. Er spielte gern mit den Weibern Blindekuh und bewegte sich mit erstaunlicher Geschicklichkeit."

Wiksin aß die Pilze und die Nieren und wünschte offensichtlich nicht, bei diesem Genuß gestört zu werden. Er legte sogar einige Male mit protestierendem Ausdruck die Gabel nieder und erwartete das Ende der Erzählung von dem Blinden.

Soswaiskij verstummte. Aber zu schweigen fiel ihm schwer; Beklommenheit entstand und eine Art von

Verlegenheit. Da wollte etwas ausgesprochen sein, wurde aber durch die Unaufmerksamkeit des Gesprächspartners verhindert. Außerdem hatte er zu lange gesessen, seine Beine schliefen ein, und von der noch stärker werdenden Hitze wurde der Kopf schwer. Er rutschte auf dem Stuhl hin und her, schaute vorsichtig zu Wiksin hin und ließ den Blick nervös durch das Zimmer schweifen... Schließlich verzog er das Gesicht und murmelte vor sich hin: "Pfui, diese erstickende Hitze und der Kohldunst aus dem Gastraum sind doch zu stark! Ich öffne mal das Lüftungsfensterchen. Im Nu lüftet es durch." Er stand auf, ging zum Fenster. Das dunkle Knäuel seines Schattens folgte ihm, ging über die weißen Wände, bog sich zur Decke, zog sich zusammen, dehnte sich auseinander. Als er das Lüftungsfensterchen öffnete, strömte kalte, scharfe Luft herein, Kälteschauer überliefen ihn.

Auf gleicher Höhe mit dem Fenster sah man das Trottoir und weiter das Kopfsteinpflaster, jetzt erhellt von dem weißen Licht der schwach scheinenden Laternen. Auf der Straße gegenüber stand ein großes, dunkles Haus. Die meisten seiner Fenster waren ohne Licht, schwarz. In einigen schimmerten Lampen durch die Gardinen. Nur ein Fenster im zweiten Stock war erleuchtet. Der nicht ganz herabgelassene Vorhang bedeckte mit dem Volant gerade ein Drittel des oberen Fensters. Ein Stück der weißen Zimmerdecke war zu sehen, der elektrische Lüster mit Kerzenlämpchen an den Enden seiner Bögen, ein Teil der Wand mit einer bunten Tapete, weiter hinten eine Seite des Ofens und ganz in der Ecke rechts eine häßliche, stachelige Palme. Durch das Zimmer ging eine weibliche Gestalt mit einem Stoß Teller. "Bei Julia Matweewna wird schon der Tisch gedeckt. Ob wohl etwas mit Shiganskij geschehen ist? - Nun, ich denke, es ist frisch geworden, es wird kälter, und der Wind ist beißend." Er schlug das Lüftungsfenster zu und ging, sich die Hände reibend, zurück auf seinen Platz. Seine vorherige Betretenheit war ganz vergangen, er lächelte fröhlich. "Bald, bald fällt schon ein wenig Schnee,.Wenn er gefallen ist, wird es gleich still, und die Luft wird milder. Was für eine Glückseligkeit ist das dann für den Wald. Was nicht der erste Schnee alles bringt! Das umherschweifende Wild stellt sich auf die neue Lage ein, hüllt sich in sein winterliches Kleid. Die Hasen frischen die Kunst des Hakenschlagens auf, drillen sie den Jungen ein. Die Bäume, die Sträucher, all dies Waldgehölz, das den ganzen späten Herbst hindurch nackt dasteht, schmückt sich geradezu begeistert mit seinem Winterkleid. In Reif hüllen sich die Zweiglein, bedecken sich mit kleinen Kissen, mit Ohrenkissen. Alle Knospen werden, um sie warm zu halten, vom Schnee bestreut... Welch eine Pracht! Und da ist der Hase, der vor Lust durch den Schnee springt, Haken schlägt hin zu einem Baum, auf einen gefällten Stamm oder einen Baumstumpf zu, besonders, wenn darunter eine kleine Kuhle ist. Hier dreht sich der Hase um sich selbst und kauert sich zusammen. Still legt sich der Schnee auf die Erde und hüllt den Hasen in eine flaumige Daunendecke ein. Ganz überhäuft ist er. Gut fühlt er sich dort. Und wenn es zu schneien aufhört und Sie beim ersten, zarten Schnee auf Hasenjagd gehen, sehen Sie jenen Hasen überhaupt nicht. Da liegt dann über einer solchen Vertiefung ein glatter Schleier wie überall ringsum. Nur wenn Sie schon besonders aufmerksam sind, sehen Sie auf dem Schnee die feuchten Fleckchen vom Atem des Hasen. Und ringsumher hat sich alles erneuert, ist leicht, sanft und freudig. Lange, manchmal bis Neujahr, zieht sich dieser Honigmond des Winters hin.

Im neuen Jahr gebe ich mehrere Male ein Hasengastmahl. Bei uns im Wäldchen gibt es wilde Äpfel. Ich bringe sie den Hasen, zusammen mit Birnen, Mohrrüben, Runkelrüben, zwei Kohlköpfen und Hafer. Ganz saftige Mohrrüben, ganz saftige Runkelrüben wähle ich, - solche, die schon durch ihr Aussehen fröhlich machen. Alles breite ich sorgfältig aus. Die Füchse bekommen auch eine Mahlzeit. Damit sie nicht stören, werfe ich ihnen weiter entfernt Fleisch in das Gebüsch.

Alles richte ich her, und selbst sitze ich auf dem Apfelbaum. Vorher wurden Bretter in das Astwerk gelegt, darauf ein Armvoll Heu, und dahin lege ich mich, wickle mich in eine Decke und schaue zu. Nun, zuerst nähert sich ein alter Hase, betrachtet alles. Dann kommen die anderen herbei, die Jungen laufen zu den Äpfeln, ja und zu den Birnen und Möhren. Nun, und dann versucht dieser schon erfahrene alte Hase sie wegzujagen, zum Hafer hin, um sich selbst zuerst mit dem Besten zu versorgen, er - hin zum Kohlkopf, ein großer Liebhaber von Kohlstrünken ist er. Er beknabbert die Blätter und rupft sie ab, aber dann bringt er die Strünke zur Seite. Im Stillen allein genießt er sie. Nun, so tun sie sich gütlich, und ich schlürfe aus dem Fläschchen, kaue an einer Pirogge, lausche auf ihr liebes, sorgfältiges Schmatzen, und das gefällt mir. Im Schnee - Spritzer von Mohrrübensaft. Wie artig und anständig sie essen! Welche Manieren! Wie bestimmt und gewählt sind die kleinsten Bewegungen. Inmitten der Sitzenden richtet sich einer so anmutig auf, stellt die Ohren hoch, bewegt das Näschen und die obere Lippe wie ein punktförmiges bewegliches Röschen. Ein anderer springt so leicht und einfach über einen Haufen roter Äpfel. Was ist da schon eine Ballerina, wenn ich das sehe. Dem Menschen täte eine solche Hasen-Tiervollkommenheit gut. Wie weit ist er in all seinem eigenmächtigen Wirrwarr von so einem natürlichen, ausgefüllten Leben entfernt.

Plötzlich, gerade wie verabredet, machten sich die Häschen an die Äpfel, welch ein saftiges, hinreißendes Geknabber. Alles duftet nach Äpfeln. Ja doch, die Erde, unser Mütterchen, unsere Schöne, ist selbst wie ein Apfel. Und ihr köstlichster Ort ist nicht im hellen Süden, sondern hier bei uns, eben jetzt, wenn alles zugeschneit ist, duftend, vom Frost gehärtet, saftig wie eine lecker mit Butter und Milch zubereitete Speise, eine Götternahrung. Und aus ihrem Mutterschoß steigt Ergötzen auf, strömt in alle Teile des Körpers, der ganze Leib saugt diese belebende Kraft unmittelbar durch die Haut auf. Was für eine überreiche Kost der Natur!

Und der Wald ist zu dieser Jahreszeit am besten zu erkennen. Später stülpt er sich Schneekappen auf, hüllt sich sogar in Pelerinen. Der Schnee ist dann schwer, stark, die Zweige bricht er. Ich liebe nicht den späten Winter. Aber jetzt ist gerade die richtige Zeit. Der Wald verbirgt nun seine Geheimnisse nicht mehr, weder im Blattwerk, noch in der trostlosen, herbstlichen Kahlheit. Er selbst läßt ruhig und freimütig aus den unverhüllten, gesenkten Zweigen sein Geheimnis heraus, und so ist es leicht zu entdecken.
Nun haben die Hasen ihren Schmaus beendet und sind vergnügt und spielend verschwunden. Über dem Wald Flügelschlag der Dohlen. Die Sonne geht unter. Da ist der offenherzige Wald, der sein Geheimnis lüftet. Alles schweigt still unter dem Schnee." Soswaiskij kniff die Augen zusammen, stellte sich diesen verschneiten, stillen Wald vor, die schneidende, winterliche Kälte, den beißenden Frost.
"Eine großartige Sache ist der Wald. Wäre Shiganskij hier, würde ich ihm heute vom Wald erzählen, von seinem Geheimnis... Ja, früher habe ich ihm schon davon gesprochen, nicht nur in Andeutungen... soll er nun selbst seinen Kopf anstrengen, selbst herausfinden... Ja, ja... von der Palme erzählte ich... das letzte Mal bei Julia Matweewna. Sie dagegen gaben nicht acht, wandten den Blick nicht von ihren rührenden Augen und waren unfähig, irgendetwas anderes zu bemerken. Doch er sah, als ich vorlas, in der fernen Wüste eine herrliche Palme wachsen. Er liebt doch den Süden so sehr, und wie er staunte, daß ihm dies ganz unerwartet geschehen konnte. Eine Sensation war das dort, eine Überraschung. Nun, und heute würde ich ihm ein ganzes Bild vom Wald malen, alles, was dort wächst, sein ganzes Wesen, denn ich fühle, daß es dadurch verständlich und klar würde."
Er hob den Finger: "Der Wald, mein Lieber, er wächst aus den Friedhöfen. Der Wald, das sind die Leiber der Verstorbenen. Ich widerspreche keineswegs den Erkenntnissen der Naturwissenschaft, dem, was sie sagt

über das Aufbrechen des Samens, das Entstehen des Keims und dem des Baumes daraus. Aber wovon, sagen Sie, ernährt sich der Keim..., der Baum..., doch wohl vom Erdboden. Was ist das, der Erdboden? Ich erklärte es schon Shiganskij, er weiß es, wiederholen werde ich es nicht mehr.

Nun, so steigen also die sterblichen Überreste aus der Erde, im Holzgewebe verborgen und reinigen sich nach ihrem Tode. Und während die sich plagenden Seelen in den Lüften umherwandern, wie die Spitzmäuschen herumhuschen - denn die Luft ist genauso wie die Erde, nur leichter, durchdringlicher, transparenter - währenddessen ruht die gehetzte Hülle. Sie, die einst ein Obdach vor dem Unwetter suchte, ist nun selbst eine Herberge für Tiere. Sie, die einst Tiere aß, wird nun selbst von Insekten, Vögeln und anderen Tieren verzehrt...

Mein geneigter Zuhörer! " rief Soswaiskij seufzend aus. "In Gedanken wende ich mich an meinen abwesenden Freund." Überstürzt fügte er hinzu: "Hier ist ein interessantes Beispiel. Hören Sie! Im Sommer gehe ich abends über die Straße, gehe und beobachte. Dabei betrachte ich immer aufmerksam zwei Bäume, die sich in Gärten zu beiden Seiten der Straße gegenüberstehen. Das sind zwei Kastanien. Einer von ihnen ist voller Vogelgezwitscher. Viele Nester verstecken sich in seinen Zweigen. Der Stamm ist durch Verdickungen verbogen und mit zahlreichen, knorrigen Auswüchsen dort, wo die unteren Äste enden. Das Laub ist dicht, die Blätter klein, staubig, und viele sind zerfressen, voll kleiner Löcher, sie scheinen gut zu schmecken.

Eines schönen Tages, als ich dort vorbeiging, ließ sich ein grüner Wurm an einem Faden vom Baum herab, setzte sich auf meinen Ärmel, fing an zu kriechen, mal zog er sich zusammen, dann wieder streifenartig auseinander. Dieser Baum stand da, erfüllt von fröhlichem Zwitschern. Er selbst schien sich über seine Bewohner zu freuen, während er sie betreute und beschützte. Hier und da bedeckte die Abendsonne sein Laub mit goldenem Glanz.

Der zweite Baum, ein streng aussehender, stand in völliger Stille - nicht ein einziges angefressenes Blatt. Die Blätter hatten meist eingebogene Ränder, waren saftig, dunkelgrün, voll samtiger Schattierungen, immer dunkler und dunkler, wie von abendlicher Dämmerung bis zu nächtlicher Schwärze. Und sogar, wenn die Sonne über seine Zweige glitt, schimmerten die Blätter silbern, als wäre es das Licht des Mondes.

Diese beiden Bäume, die mit ihren Ästen über die Straße reichten, sich mit einem Arschin Entfernung fast an den Enden ihrer Zweige berührten, bestehen auf ihrer Verschiedenartigkeit, fast Feindseligkeit. Muß man da nicht glauben, daß da einmal jemand ist, der Gutes tut und daß die strenge Schönheit des anderen keinem zunutze ist und niemandem Stütze sein will. Er steht da wie ein grimmiger Einsiedler. Eine Bewirtung gibt es nicht - er schmeckt nicht.

Und das Aussehen der Bäume selbst - schauen Sie, welche Eigenart in jedem von ihnen ist. So erinnere ich mich an eine Linde - die Borke wie ein Acker, ein gespaltener Stamm, im oberen Teil ganz wie ein zurückgeworfener Torso - volle weibliche Schenkel und aus dem Laub hinausschreitende Beine. An der Stelle, wo die beiden Teile des Stammes aneinanderstoßen, ist in der Rinde eine Furche und die unverhüllte Spalte einer Baumhöhle, kein sehr sittsamer Anblick. Aber eben dort hinein flog eine Bachstelze mit Futter für die Jungen. Fröhlich piepsten sie, bewegten sich im Nest. Wer weiß, vielleicht erfüllt da eine Dirne, die die Gesetze des Lebens verletzte, nach dem Tod das, was sie im Leben nicht erfüllt hat. Tröstlich und angenehm ist mir dieser Gedanke.

Manchmal ist ein einzelner Ast so schwungvoll erhoben, zärtlich ausgestreckt, fast menschlich, hat solch eine spielerische Bewegung, oder er ist angestrengt gekrümmt, wie mit gebrochenem Ellenbogen. Und manchmal sind ganz an der Oberfläche des Holzes und in der Rinde Grimassen, so wie aufgeblasene Wangen, geschwollene Lippen, eine niesende Nase und Beulen, eine überaus große Häßlichkeit.

Eines Tages, ich kehrte gerade von dem Hasenfest zurück, stieß ich zufällig im Wäldchen auf so eine Visage, von Neuschnee eingepudert, auf eine solche, verzeihen Sie, blinzelnde Fresse. Zum Totlachen war das, niemals vergesse ich sie.
Es handelt sich da nicht nur um eine äußerliche, zufällige Ähnlichkeit, sondern zweifellos ist hier eine echte, lebendige Verbindung zu spüren.
Da haben Sie noch ein Beispiel: Dort, wo wir lebten, war vor langer Zeit, irgendwann einmal ein Friedhof. Dieser Ort wird noch bis heute "Alter Friedhof" genannt.
- So trat bei uns auf dem Hof aus dem Stamm eines Ahorns eine Fratze hervor. Seit meiner Kindheit erinnere ich mich daran. Im Sommer war sie unter dem Laub versteckt, man mußte nahe herangehen, um sie zu entdecken. Doch im Winter, da war sie leicht zu sehen. Der ganze Hof lag offen da, wie auf einer Handfläche. Das war eine gehörige Fratze: zwei kugelrunde, hervortretende Froschaugen, die Nase höckrig, purpurfarben, darunter ein zahnloses Maul, das sich bei Regen mit Wasser füllte und Blasen herausließ, und solch ein böser Zug um den Mund. Die Stiefmutter führte mich zu dieser Fratze, erschreckte mich mit ihr. Aber mit den Jahren veränderte sich ihr Aussehen allmählich. Irgendetwas war gewachsen, etwas anderes verwischt, ein Auge hatte sich zusammengekniffen, nur ein schmaler Schlitz war noch zu sehen. Bei einer anderen war im Frühjahr irgendwie ein Knoten verschwunden, der wie ein Gerstenkorn aussah und ein Büschel von Blättern herausgelassen hatte; und nach zwei Jahren waren da schon ganz ordentliche Ästchen. Die Lippen hatten sich geschlossen, der boshafte Zug war verschwunden, und an seine Stelle war so ein versöhnliches Lächeln getreten. Als sich dann im Sommer die Blätter bewegten, und das Laub bald von der Sonne erhellt, bald verdunkelt wurde, nun, da rührten sich die Lippen, lächelten geradezu zärtlich. Einmal im Winter klebte ich dieser Grimasse eine Nase aus Schnee an. Ja, dann hatte ich ein schlechtes Gewissen und schlug sie herunter.

Wenn die Bäume sehr breit und wenn mehrere miteinander verbunden sind, dann wirken sie zusammen, überwinden notgedrungen vielleicht frühere sträfliche Uneinigkeit. Einer, der abseits steht, verläßt eher als die anderen die Gemeinschaft, stößt sich mit den Ästen ab, und dann vertrocknet im Inneren die Holzfaser, hinterläßt eine Leere.
Wie kommt es zu diesen Erscheinungen? Sind es Gesetzmäßigkeiten, durch die alles in die richtige Form gebracht werden soll, bis das Wohlgestaltete hervortritt und Konturen annimmt? Oder formt die Erinnerung nach ihrem Willen etwas, knetet es wie einen Hefeteig, bezwingt die ruhige Einförmigkeit, schmückt, rückt zurecht und legt, wo es nötig ist, eine breite Holzschicht auf. Es gelingt mir noch nicht, dies genauer zu erklären. Alles vollzieht sich mit schrecklicher Langsamkeit, schleppend und anscheinend nach der Melodie irgendeines sich langhinziehenden Liedes. Ja, wenn man es hören könnte..., aber es dringt nicht an unser Ohr.
Wenn Raupenbefall oder ein Brand den Wald vernichten, so ist das wie eine Wachablösung des ganzen Heers der Baumstämme, und für uns unbemerkt verstummt ihr Lied.
Natürlich ist da noch das Gras..., aber die Steppe ist nicht meine Sache, ich bin ein Waldmensch. Ja, im Gras, in den kleinen Gräsern, ist das, was der Baum zeigt, nicht so augenfällig.
Die Vergangenheit lehrt uns auch, übergibt uns viel", fuhr Soswaiskij fort. "Meine Stiefmutter sang und erzählte gern, überfütterte mich geradezu mit Vergangenem. Die Erinnerung steigt auf an die geheimnisvollen Bräuche um die Sorge und Verehrung der Bäume. Sie reichen von der frühesten Vergangenheit bis in unsere heutige Zeit. Hierhin gehört auch die Anrufung der lieben, bunten Eberesche, sie möge doch durch ihre Buntheit das noch Versteckte, Verdeckte vor einem bösen Schicksal bewahren. Auch der Hilferuf an den Herrn des Waldes, dem Herrscher der Forste ist hier zu nennen: 'Steineiche, Eiche, schütze mich, du Liebe!' Und

da ist auch die Seele der Gemeinschaft, die verehrte Birke, die kleine Birke, das Birklein mit Bändern, Ohrringlein, Halsketten, mit dem Aussehen einer Tänzerin im Reigentanz, die Zweige wie Arme über dem Kopf hochgeworfen. Wenn das in der Mitte des Reigens tanzende Mädchen sie darstellte, bewegte es sich so, wie es die Birke lehrte, langsam, erst die Handgelenke, dann ein wenig die Schultern und ahmte mit dem ganzen Körper die Regungslosigkeit des Baumstammes nach. Man fühlte dabei die im Baum verborgene Kraft, wußte von ihr.
Natürlich gibt es auch Tier-Bäume, vor allem hasen-, wolfs- oder bärenartige. Der eine zeigt dann Bäreneigenschaften, ein anderer sieht einem Wolf ähnlich. Dann gibt es noch Bäume, die auffallend einem Vogel gleichen und solche, die an bestimmte Pflanzen erinnern. Nun, für uns ist das nicht so wichtig, über alles kann man nicht reden.
Jetzt will ich noch über Mischungen, Vermengungen sprechen. Ich erinnere mich an einen kleinen Wald. Nicht ein einziger Baum stand da ruhig, so wie es sein soll. Sich beugend, sich biegend, schien es, als rissen sich diese Bäume von der Stelle, wo sie wuchsen und voneinander los. Ja, und bei jedem Baum strebte der Stamm sich krampfhaft krümmend von der Wurzel weg. Die Zweige waren geradezu mit größter Anstrengung bemüht, einander nicht zu berühren. Dort, wo sich dieses Gehölz befand, hinter der Wolga, waren in früheren Zeiten Räubernester. Einmal fuhr ich während eines aufziehenden Gewitters, bei drückender Schwüle hier vorbei. Und indem ich auf die schrecklichen Verrenkungen der Bäume schaute, die in einer fast fluchtartigen Bewegung erstarrt schienen, hörte ich von einer Räuberbande erzählen. Sie hatte Menschen beraubt, getötet und Grausamkeiten verübt, wovon noch heute gesprochen wird. Einmal machte man Jagd auf sie. Die Räuber flohen voll Schrecken, rannten Hals über Kopf auf den Hügel, wo jetzt das Gehölz steht. Dort schlug mitten in die Bande ein Blitz ein. Einige wurden geblendet, niedergeschmettert, vom Blitz erschlagen. Dann

machten die Verfolger alle nieder, die Männer samt ihren Pferden. Und heraus wuchs dieser Wald, gleichsam gepeinigt von den Greueltaten, gesättigt von der aufgewirbelten zentaurischen Mischung; ein schreckliches und bemerkenswertes, zentaurisches Gehölz. Vielleicht schadet dort diese Mischung in frevelhafter Weise. Es kann sein, daß hier sogar das Kriechen der Insekten auf den Zweigen stark erregend wirkt. Darüber möchte ich nicht weiter nachdenken. Das ist so eine Entstellung, die man ausgleichen müßte.

Wenn nun dem Menschen die Beimischung eines Tiersaftes zur Vervollkommnung seiner Natur nützlich wäre, müßte diese durchdacht gebraucht, mit Sachkenntnis zusammengestellt und nach dem gefundenen Rezept abgezapft werden. Dieses Serum ist, wenn es schließlich entdeckt werden sollte, meiner Meinung nach brauchbar und notwendig und sollte bei den fruchttragenden Bäumen angewandt werden, in deren Nähe sich der schon verwesende Körper eines Toten befindet. Soll man doch das Heilsäftchen postum geben! Was bewirkt denn eine solche Veredelung? Ich denke, die richtige Menge animalischer Vollkommenheit. Die Kraft des Gedächtnisses wird dadurch verstärkt und die Möglichkeit, die fehlende lebendige Ader, die flinke Spitzmaus, das behende Kügelchen der Seele aus der Luft herauszuholen und wieder in sich hineinzuziehen. Auf diese Weise wird der neue Baum-Mensch vollkommen und vollendet.

Die Pflanzen, die vor dem Menschen existierten, waren andere. Die jetzigen sind von uns verdorben, unseretwegen leiden sie oft, dienen uns. Man sollte sie gewissenhaft nutzen. Dann kann der Baum-Mensch friedlich leben, standfest wie ein Baum, zufrieden wie ein Tier und mit echt menschlichem Lebensgefühl. Dafür verbürge ich mich bei Ihnen."

Die Erregung, mit der Soswaiskij sprach, ging vorüber. Er verstummte, blickte auf Wiksin, der mit seinen beiden Gesichtshälften spielte, steckte die Hand in die Tasche, fand ein Taschentuch. Doch plötzlich verzog er

schmerzhaft das Gesicht und holte aus der Tasche einen rotbraunen, rohrförmigen Gegenstand heraus, ähnlich einer Honigwabe, aber nicht mit engen, länglichen und facettierten, sondern mit runden Röhrchen.
"Gefällt Ihnen das? Nie haben Sie so etwas gesehen. Es ist ein unbearbeitetes Stück einer Koralle, ein Skelett, der untere Teil eines Korallenpolypen. Doch für mich ist es eine Quelle düsterer Gedanken. Irgendwie verliere ich Kraft, wenn ich dieses Stückchen ansehe", sagte er, indem er es wieder in die Tasche steckte. "Aber es gelingt mir nicht, von ihm zu lassen, trage es mit mir herum wie einen Talisman. Manchmal scheint es mir ein schreckliches Gleichnis alles Lebendigen zu sein. Wenn nun die einfachsten Wesen nur Röhrchen für die Nahrungsaufnahme sind, dann besteht alles übrige Lebende ebenfalls aus solchen Röhrchen, die Pflanzen, die Tiere und der Mensch. Alles Würmer, alles Röhrchen, nur alle mehr oder weniger kompliziert, mit mehr oder weniger vervollkomneten Vorrichtungen für die Nahrungsbeschaffung und mehr nicht. Nun, und ist es dann eigentlich nicht egal, womit sie sich anfüllen?
-´Sauf, was du willst!´ Wie der Bauer in der Schenke seinen Kumpan einlädt. Alles verliert seine Gestalt. Da gibt es weder Häschen noch andere Tiere, weder Wälder noch den Menschen. Alles zerfällt ins Unwesentliche verschiedener Größe, aufgequollen von Wasser, glitschig wie ein Wurm, eine verdorbene Makkaroni. Und wenn aus ihr der Saft herausläuft und verdunstet, - warum sollte er denn nicht aus ihr herauslaufen und verdunsten? In einem Augenblick kondensiert er, trocknet und verschwindet ohne Rückstand.
Bei dieser Vorstellung gerät selbst die unvergleichliche Herrlichkeit des Sonnenuntergangs, die größte Schönheit unserer Erde, ins Wanken. Was soll denn das, wenn man sogar den Sonnenuntergang mit dem Flügel des sich hinter dem Horizont verbergenden Feuervogels vergleichen kann?" Mit Bewegungen der Hände wies er einem ziemlich schweren Feuervogel einen Platz auf dem Tischrand zu, setzte ihn hin. Und um das

Beben des Gefieders darzustellen, bewegte er zitternd die Hände über ihm. "Kostbarer Feuervogel", sagte er zärtlich. "Mit ihm kann die erste, untergegangene Hälfte verglichen werden, doch die zweite ist nur noch wie ein zerkratzter Flohstich.
Was ist das, ist der Tod das Leben, das Leben der Tod, oder ist gar das Leben selbst verflucht? Davon kriege ich Gedankenkrämpfe und alles erstarrt..." Er schwieg lange. "Aber hier möchte ich noch Klarheit haben... Die Surrogate stören, man muß sie beseitigen, die Samenkörner keimen lassen, die Keime befreien." Und abermals stieg eine Welle von wachsendem Optimismus in ihm auf. Als Wanderer durch die Jahreszeiten tauchte er nach einer Anwandlung von herbstlicher Wehmut, nach dem kürzlich vergangenen, erlebten Winter in die frühlingshafte Flut ein. Der Geist folgte schon wieder einer neuen Beute. "Die Keime, sage ich, muß man freilassen, dann blüht das Leben sichtbar in seiner ganzen Fülle auf, und uns bleibt ein einziges beseligtes Atemschöpfen. All dieses muß man sich nur klarmachen und es deutlicher begründen. Aber dazu ist aufmerksame Beobachtung nötig. Warum klingt zum Beispiel im Wald der Frühlingsgesang der Vögel seltsam widerhallend, berührt eine verborgene Tiefe und findet darin ein Echo?... Nun, weil das eben nicht einfach nur der übliche Vogelgesang ist. Das Frühlingsgezwitscher bewirkt jetzt im Wald eine Veränderung. Was verändert sich denn? ... Im Unterholz des Waldes, unter dem Wurzelbogen, aus der Wurzeleinfassung, taucht die schwarze Augenhöhle auf, das immer nachtdunkle Lager - die Bärenhöhle. Sie ist ein ganzer Born halbdunkler, zauberischer Laute. Undeutlich zeigen sich irgendwelche männliche und weibliche flaumige, kleine Wesen mit Schopf und Schöpfchen in unaufhörlicher, wolliger Balgerei, brummende, keuchende, lockend rufende Bauchredner. Die freigiebige Bärenhöhle erfüllt mit ihren Lauten die Tiefe des Waldes.
Weiter oben ruft der Kuckuck gerade so, als schlüge ein gläsernes Herzchen", „er zeigte mit den Fingern die

Größe, "und der aufgewühlte Tag im Frühlingsgezwitscher und lautem Tirillieren, die Nachtigallennacht über dem Wald, die begeistert in den Wald rufenden menschlichen Stimmen, all das durchdringt das Holz von oben bis unten, bis zur Wurzel und ruft eine Antwort hervor. Sie tönt ergreifend aus der tief im Innern der Bäume erweckten Kraft der erstarrten Gefühle, die nun mit ihren, zuerst schwachen, traurigen, dann glühenden, lodernden Stimmungen den Wald erfüllen. Dem Dach des jungen Laubes gelingt es kaum, dieses Geheimnis zu verbergen." ...Soswaiskij hielt in Gedanken versunken inne, als höre er die ihm teuren Stimmen des Waldes, die er eben erst so liebevoll beschrieben hatte. Er blinzelte zur Lampe, doch in seinen Augen war die salzige, frühlingshafte Trübe, die fröhliche, berauschende. Plötzlich wurden seine inneren Bilder klarer, und in dieser Trübe erblickte er etwas, bewegte sich dort etwas. Erstaunt und freudig lächelte er und flüsterte: "Ein Wunder, das konnte nur von einem Fehler im Serum kommen, aber was für ein gelungener Fehler! ...Nun, das ist nur für mich. Das werde ich nicht ausplaudern." Er bedeckte mit der Hand die Augen, vergaß, wo er war und gelangte in eine andere Welt.
Vor seinem inneren Auge erschien ein sich in frühlingshaftem Dunst bewegender Baum. Doch dieser Baum war unerwartet ein besonderer Baum, ein Überbaum. Ungeachtet des gerade erst angebrochenen jungen Frühlings, stand er im vollen, sommerlichen Schmuck, vor Kraft strotzend, als habe er die Impfung der Vollkommenheit erhalten. In der Ferne bewegte er sich, schwankend ging er, schritt aus, begann durch die Frühlingspfützen zu stapfen, beugte sich seitwärts, und, die eigene Schwere überwindend, richtete er sich wieder auf, um sich fast fallend, erneut zur Seite zu neigen. Mit schaukelnden Ästen, mit den von ihrem Platz weggerutschten, moosigen, zottigen Rabenbehausungen bewegte er sich und warf, die Zweige schwingend, Eier und Jungvögel heraus. Die Vögel, seine Bewohner, begleiteten ihn, kreisten über ihm mit verzweifeltem

Schreien. Mückenschwärme folgten ihm, umschlossen ihn vertraulich, breiteten sich über ihn aus und umwanden ihn mit durchsichtigen Binden fliegender, doch nicht fortfliegender Mücken-Blüten. Die Rabin, die Mutter der jählings getöteten Brut, schlug wie wahnsinnig rasend mit den Flügeln, stürzte sich mit schon röchelndem Krächzen wieder und wieder herab, flog hoch zum Wipfel, hackte wütend auf die Zweige, zauste den Mörder wie ein Wirbelwind. Ein schwarzroter Käfer flog summend und unwillig brummend weg, rettete sein Käferleben. Jedoch der Überbaum stapfte x-beinig, schwerfällig auf seinen weichen Wurzeln, seinen Wurzelfüßen, seinen stelzenhaften Wurzelstöcken einher. Überlange, dünne Wurzeln, die sich aus der Erde herausgerissen hatten, mühten sich nutzlos ab, zogen geräuschvoll die Luft ein, verschluckten sich wegen der ungewohnten Kühle, spuckten, besabberten sich mit reichlichem Pflanzenspeichel, schritten aus und gruben sich, die Luft verlassend, wieder ein, indem sie den lockeren Boden durchlöcherten. Und die auf dem Wurzelstock auseinanderlaufende Herde feiner, winziger Würzelchen erkältete sich augenblicklich, als sie sich in die Luft versetzt fand. Ihr dünnes, vielstimmiges Niesen klang wie ein Mückenchor. Speichelfäden zogen sich, und die Herde der Wurzelpfeile stieß die in sie eingedrungene Luft pfeifend aus und tauchte selig in die Erde ein, hin zu der warmen Erdwärmeflasche.
"Hochinteressant, lehrreich und moralisch", rief Wiksin aus. "Sie, Frol Ossipitsch, sind, wie man so sagt, ein Prophet. Doch Sie schweigen. Für uns ist es ohnehin Zeit, es geht schon auf sieben zu." "Sofort, sofort", traumverloren winkte Soswaiskij ab, während er die Hände nicht von den Augen nahm, "früh ist es noch, früh." Er strengte seine Gedanken mit aller Macht an, um die inneren Bilder festzuhalten, sie überfielen ihn geradezu. Aber die Aufforderung Wiksins verdarb alles: Der Überbaum verlor schon seine Kraft, seine geräuschvolle Umgebung, seine sommerliche Pracht, er wurde dünner, gebogen, kroch nur noch. Soswaiskij dachte: "Jetzt

gleicht er schon völlig der Pflanze der Blutgefäße, die im Inneren des Menschen lebt, sich mit den Wurzeln ins Gehirn einkrallt, es umgreift, sich in den Armen verzweigt, ihre Äste im ganzen Körper ausbreitet und in zwei Pyramiden in die Beine hineingeht - von ihr profitiert das Herz." Er fühlte genau das Leben dieser Pflanze in sich, und nachdenklich flüsterte er: "Zuerst war der Baum im Menschen, und dann wird der Mensch im Baum sein..." Doch er wurde trübsinnig, die Gedanken gerieten ins Stocken. Es schien ihm, als strebten der erschöpfte Überbaum und seine eigene innere Pflanze zueinander wie in eine Sackgasse. Das Bild ging unter und verlor sich endlich in einer Art Gehirnerstarrung. Er atmete schwer, schnaufte, keuchte. "Warten wir noch ein wenig", sagte er, ging zum Fenster und, um seine Gemütsbewegung zu verbergen, deklamierte er, die Hand ans Herz haltend: "Sehr geehrte Julia Matweewna, verzeihen Sie, daß wir uns verspäten, wir warten auf Shiganskij und kommen dann zu dritt zu Ihnen." Aber, was ist denn das? Am Eßzimmerfenster Julia Matweewnas, wohin die Deklamation gerichtet war, erschien kauend sein lieber und treuer Freund Shiganskij. Auf seiner Brust hing eine Serviette - er aß eine Vorspeise. Sich hinausbeugend schaute er aus dem Fenster, schützte sich mit der Hand, die etwas Eßbares hielt, vor dem Licht, wandte sich dann zurück ins Zimmer, winkte jemanden zu sich heran und zeigte schließlich mit einer Pirogge oder einem Törtchen gerade auf das Kellerfenster des Gasthauses. Er lachte. Dann kam die hohe, volle Gestalt Julia Matweewnas zum Fenster in Begleitung geschäftig wirkender, untersetzter Männer. Alle kauten, alle hielten Teller und Gabeln in der Hand. Sich gegenseitig drängelnd versuchten sie, aus dem Fenster zu gucken. Shiganskij brüllte vor Lachen. Soswaiskij nachäffend, rückte er eine eingebildete Brille zurecht, schwankte unbeholfen von einer Seite auf die andere, erhob belehrend den Finger. Soswaiskij, der sich ohnehin schon in heftiger Erregung und Erschütterung befand, schrie fast auf, als er das sah. Dann umfaßte

Shiganskij, indem er die Augen zukniff, mit den Armen die Palme im Zimmer, beugte sich mit dem Hals zu ihr herab, als ob er sie umarme, bog ein Blatt herunter und hob es wie zum Handkuß an die Lippen. Danach griff er um den Stamm als hielte er eine Taille.

"Sehen Sie, Frol Ossipitsch, man erwartet uns schon, wir verspäten uns", kicherte Wiksin, der rasch und aufmerksam alles hinter dem Rücken Soswaiskijs beobachtet hatte. Jener ging zu seinem Stuhl den Mantel holen, hielt sich dabei auf seltsame Weise die Wange. "Warum halten Sie sich die Wange?" Und wieder kicherte Wiksin. "Der Zahn schmerzt, als ob darin Feuer wäre", murmelte Soswaiskij undeutlich, "und immer will ich mit dem oberen Zahn dagegen pressen und mit der Zunge darangehen." Mühsam zwängte er sich in den Mantel und langte nach irgendeinem lächerlichen, vorsintflutlichen Beutel, der einem verwelkten Gemüse ähnlich sah, legte Geld auf den Tisch und verließ das Zimmer. Als sie aus dem Gasthaus hinausgingen, machte sich Shiganskij noch einmal über ihn lustig; die anderen starben fast vor Lachen, drängten sich ans Fenster, umringten Julia Matweewna... Soswaiskij und Wiksin hielten kurz an, bevor sie die Straße überquerten. Vom Fenster aus sah man sie, Shiganskij legte den Finger an die Lippen, sprang vom Fenster zurück, und plötzlich liefen alle hin und her, wurden unruhig. Einer der Gäste, ein glatzköpfiger Alter, hielt einen Teller hoch und schlug auf ihn wie auf ein Tamburin. Ein anderer band sich hastig eine Serviette um den Kopf, so daß die Enden wie Eselsohren aussahen. Sie versteckten sich tief im Zimmer, und dann erschien an ihrer Stelle Julia Matweewna selbst. Sie neigte sich zu ihrem Günstling, dem dickbäuchigen Burlatow, der ein Tablett mit Schnapsgläschen hielt und goß vorsichtig aus einer kleinen Karaffe ein. Noch eine andere, eine dritte Hand streckte sich ihr mit Gläschen entgegen. Jemand lief hinzu, ergriff einen Besen für die Ehrenwache und eilte im Hüpfschritt fort. Ein anderer, es schien Shiganskij zu sein, - ja er war es - warf sich eine bunte Tischdecke als Umhang über und brachte Julia

Matweewna ein riesiges, ihnen allen bekanntes Tintenfaß, ein früheres, gemeinsames Geschenk für die Hausfrau. Dies rief eine rasende Lustigkeit hervor: "Laßt uns die Gläschen mit Tinte verfeinern!" Ein anderer Gast, das Gesicht rußverschmiert und mit einem Schürhaken in der Hand, äugte, spähte zum Fenster hinaus. Anscheinend wollte er sich vergewissern, daß sie wirklich ins Haus kamen. Dann ließ er den Vorhang hinunter. Dahinter warfen sich, wie in der Hölle, Schatten hin und her, vermengten sich und liefen wieder auseinander...
Sie bereiteten seinen Empfang vor. Wiksin freute sich hämisch, genoß den Vorgeschmack. "Heiß wird es Soswaiskij werden, lebendig werden sie ihn verzehren... Und was für eine Überraschung sie ihm bereiten. Geh, tummle dich, schwerfälliger Mensch, uns zum Vergnügen!" Und beim Hineingehen äffte er Soswaiskij hinter dem Rücken nach. "Meine Herrschaften, ein Holzmensch, einfach gesagt, ein Holzklotz, wenn Sie gestatten wollen. Amüsieren Sie sich! Was wird wohl Shiganskij tun? Nach jeder seiner Gesten, jedem Fratzenschneiden werden alle in Gelächter ausbrechen. Aber jener wird es nicht einmal verstehen. Wozu das, wird er denken. Nun, das ist schon so, in Wirklichkeit sieht er nur den Wald, und vor seiner Nase sieht er nichts... Und dann...", er stellte sich vor, was für ein Spektakel das sein wird, und wie er selbst in dieser lärmigen Ausgelassenheit vielleicht zu Julia Matweewna laufen, ordentlich Walzer tanzen, sich mit ihr im Kreise drehen wird. "Man muß sich doch belohnen für das lange Stillsitzen im Gasthaus, während Shiganskij, dieser Giftpilz, hier müßig saß. Daß ihm nur das Nachäffen gelingt! Sonst muß man wieder das Geschwätz aushalten, mir reichts! Was ist das nur für einer? Vielleicht will er noch entwischen." Und in ungeduldiger Erwartung und hastiger Aufgeregtheit lief er um den langsam, ruhig schreitenden Soswaiskij herum, musterte schnell von Kopf bis Fuß seine schwere, plumpe Gestalt. Soswaiskij ging ganz ergeben daher. Wiksin lief voraus, dreist ver-

suchte er ihm ins Gesicht zu blicken. Aber dabei wurde er immer zappeliger, und es gelang ihm nicht. Jener wandte sich dauernd ab und versteckte sich hinter dem Kragen. In ihm kämpften Zorn und Trauer mit Gutmütigkeit. Und unablässig wurde in der Tiefe des Bewußtseins die verwundete Gutherzigkeit zerstört, doch sie erhob sich wieder trotz der neuen Schläge, bemühte sich, wie eine Glucke die Feinde zu behüten, zu erwärmen, zu beherbergen. Die ersten Gefühle wurden schwächer, das letzte erstarkte schon. Und bereits als sie die Treppe hinaufgingen, rollte eine Träne über seine Wange, und er zerdrückte sie hastig mit seiner rauhen Hand. Er dachte an das, was er eben im Fenster gesehen hatte, was für eine Zielscheibe des Spottes er für sie ist, in was für einen Schmutz er sich begibt, wie sie ihn betrogen hatten, und er hatte an sie geglaubt. "Es ist besser, so zu tun, als verstünde ich nicht, was gemeint ist. Sie werden sich lustig machen, grölen wahrscheinlich: ‚Den Wald sieht er, aber vor seiner Nase sieht er nichts'. Mit meinen eigenen Worten wollen sie mich treffen."
Während er zum Hauseingang von Julia Matweewna ging, den Kragen zurechtrückte und noch einmal den Rest einer Träne von der Wange wegwischte, legte er plötzlich die Hand an die Stirn, von einer jähen Erinnerung, wie vom Blitz getroffen: "Dieser Traum, dieser verfluchte Traum erfüllt sich..." Er winkte mit der Hand ab und läutete kräftig an der Haustür. "Soll es denn sein", sprach er zu sich selbst, "soll es sein!"
Der Traum, an den sich Soswaiskij wie hinter einem Vorhang erinnerte und den er jetzt als prophetisch erkannte, war quälend gewesen und hatte ihn in der vergangenen Nacht arg gepeinigt. Anfangs war es gar kein schlechter Traum, er war sogar angenehm und irgendwie frei, leicht. Er selbst war in diesem Traum eine Schneeflocke im fallenden Schnee, einem dichten, langsamen Schneefall, der sich wie mit Nachdenklichkeit und Vorsicht und mit dem Atem einer unwillkürlichen Erdangst in den Bewegungen hochzog, zurück unter die Fittiche der Schneewolken.

Er flog sanft über die Stadt, die Straßen, über die Passanten. So schwebte er um die Gesichter, die, vom Frost gerötet, dampfenden Atem ausstießen, dann schon um ihre Beine. Schließlich legte er sich auf die glatte Spitze eines Damenstiefels, glitt ab und herunter auf das Trottoir. Rings um ihn waren das dumpfe Geräusch der Schritte, Knirschen, und hier und da Quatschen des Schnees, Knarren der Stiefel, Quietschen von Galoschen. Über ihm - der schnelle Vorbeiflug des Schuhwerks. Und nun traten sie auf ihn, noch einmal und noch einmal. Und die Schritte wurden schneller. Sie zertraten ihn, sie zertraten ihn ununterbrochen, sie zertraten ihn unaufhörlich, sie zerrieben ihn in dem Matsch zwischen den Sohlen und dem Trottoir. Von ihm blieben nur zwei Tröpfchen nebeneinander. Sie entsprachen seinem Herzen und seinem Bewußtsein. Er spürte Schmerz, bis alles schnell in einem Wirbel verschwand, auseinanderflog ins Leere.

DER ERLÖSTE

Schnee fiel und rieselte trockenknisternd auf die Erde. Die nächtliche Dunkelheit verbarg den Horizont. Schweigend und gesammelt standen die Bäume, als fürchteten sie, sich zu rühren und die Schneelasten fallen zu lassen, die wie große Kissen auf den oberen schwarzen Ästen lagen. Und ähnlich den Bäumen, mit ihnen vereinigt, hing an einem ihrer Äste feierlich und unbeweglich ein Toter. Schon hatte der Schnee seinen Kopf und die Schultern mit einer großen weißen Hülle bedeckt. Der Tote schien auf etwas zu horchen, sich an etwas zu erinnern, gleichsam als versuche er, aus seinem erstarrten Gehirn die empfangenen letzten Bilder hervorzurufen. Es schien, als wollten seine leblosen, erkalteten Augen die letzten Eindrücke erzählen, die letzten Leiden und durchstandenen Kämpfe des irdischen Daseins. Sie waren schwer, seine letzten Tage. Seitdem die Knechte des apokalyptischen Tieres, gleich Zungen des ewigen Feuers, der flammenden Hölle entrissen, sich über sein heimatliches Land ausgebreitet hatten und alles Reine, Hohe, dem seine Seele unendlich ergeben war, vernichteten, seit dieser Zeit hatte er unaufhörlich mit ihnen gekämpft, und er wurde getötet, wie alles Gute getötet wurde in diesen schrecklichen Zeiten.

Als die roten Horden ihn überwältigten und ihn faßten im dichten Wald, als er die Vorbereitung für die Hinrichtung sah, erschrak er nicht, denn als der Kampf begann, wußte er, daß er sich selbst zum Tode verurteilt hatte, er erhob nur wie alle Menschen in den höchsten Augenblicken ihres Lebens seine Augen zum Himmel. Aber der Himmel, bisweilen windstill, blau, sanft und heiter, mal gewitterlich, bedeckt mit riesigen dunklen Wolken, mit aufleuchtenden Blitzen und dröhnendem Donner, manchmal grau, ruhig, windstill wie in Gedanken versunken, dann zu Tode betrübt und bitter, bitter weinend, dann wieder kalt, herrisch, hochmütig, mit schnell dahinfegenden Wolken; dieser Himmel war

entschwunden. An seiner Stelle tanzte im Dunst ein Reigen weißer Punkte, der, so schien es, mit der weißen Scheedecke unter seinen Füßen eine enge Schachtel bildete, in der es unheimlich und einsam war. Das Gefühl einer schrecklichen Verlassenheit ergriff ihn, und seine Seele wurde langsam von Schrecken erfüllt, dessen Eishand über seinen Rücken fuhr und die Haare auf seinem Kopf sich sträuben ließ. Aber die Kraft des Willens stärkte ihn in seinem alten, ja grenzenlosen Stolz; das Erbe der berühmten Vorfahren half ihm, und er nahm die Hinrichtung an, kalt und verächtlich. Der sich um seinen Hals schlingende Strick erstickte ihn schnell, gezogen von der Schwere des Körpers. Das Blut kreiste immer langsamer und langsamer. Ein Klingen erscholl in den Ohren, zuerst wie das Glockengeläut einer entfernten Kirche, doch dann kam es immer näher, trennte sich, immer neue und neue Glocken vereinigten sich mit diesem Klang. Nun erhob sich ein freudiges Läuten, es verkündigte den Sieg über die Horde, den Triumph dessen, für das er gekämpft hatte. Die Bande floh, Kanonenfeuer zerschlug sie, alles ging unter in einem Meer von Blut. Das Schießen wurde schwächer, und dann war ein feierliches Geläute der Glocken zu hören, wurde voller und erreichte eine für das Ohr unerträgliche Stärke. Plötzlich rissen alle Klangempfindungen ab, ein dunkles, unregelmäßiges Kräuseln lief über das blutige Meer, und es verdunkelte sich, verwandelte sich in einen lichtlosen Abgrund, über den sich lautlos riesige Wellen bewegten, sie zogen sich um ihn zusammen und erstickten ihn... Finsternis herrschte...
Plötzlich ergoß sich ein blendendes Licht in das Dunkel und zerstörte es, als ob jemand in einer dunklen Kammer die Tür zu einem hell erleuchteten Saal geöffnet hätte. Aber das war kein materielles Licht, das manchmal von den Schwingungen des Äthers herrührt, sondern ein geistiges, unauslöschliches, ein alles erhellendes Licht. Und ihm folgte ein wunderbarer Friede, und eine sich ankündigende Harmonie erfüllte alles...

Im Wald war es still. Der tote Körper hing reglos. Unbeweglich standen die Bäume und nur, wenn irgendein unachtsamer Zweig seine kostbare weiße Last fallenließ, unterbrach das Geräusch des Fallens die Stille, lief durch den Wald, eilte in die Ferne. Pfeile des Tageslichts durchdrangen mit Mühe das dichte Dunkel. Schnee fiel und rieselte trockenknisternd auf die Erde.

WEGBIEGUNGEN

Am Morgen der Abreise waren Anna Borissowna und Andrej Nikolajewitsch im Salon. Die Stühle und Sessel standen ziemlich schief im Raum. Andrej Nikolajewitsch hatte ihnen die Schutzhüllen mit seinen ungeschickten Händen selbst und nicht ganz fest übergestreift. Sie waren hierher gekommen, weil Andrej Nikolajewitsch wünschte, daß sich vor der Abreise dem Brauch entsprechend alle niedersetzten. Er selbst wäre noch einige Tage geblieben, doch wollte er sich gemeinsam mit Anna Borissowna vom Hause verabschieden. Pawel brachte ihnen die Post. Und während Pawel auf Anweisung die Dienstboten rief, lasen sie ihre Briefe.
Die gesamte Dienerschaft kam zusammen herein. Andrej Nikolajewitsch wies einladend auf die Stühle, und alle setzten sich schweigend hin, während das Geräusch der gerückten Möbel sich widerhallend im Saal ausbreitete. Alle saßen gleichermaßen unbeweglich, mit angehaltenem Atem und angespannt vor sich hinblickend.
Der Wind öffnete langsam das angelehnte Fenster, und der Duft des Gartens - des Gartens im frühen Herbst - zog herein; der Sommerduft des noch nicht ganz von der Sonne verdorrten Laubes, das schon kraftlos und trocken war, mit den Düften der Blumen, die den Sommer nicht loslassen wollten. Sie waren verdichtet und getrocknet wie Essenzen und jetzt wiederbelebt von der schon herbstlich feucht werdenden Luft.
Es war zu spüren, daß irgendetwas fehlte, ja, nach dem vorherigen anhaltenden, scharrenden Geräusch schien das jetzt eingetretene Schweigen wie ein Sturz ins Leere. Der Luftzug wehte in das Zimmer ein von der Sonne vergoldetes Spinngewebe, als wäre es die Frucht des sommerlichen Schwirrens. Es zog mit dem Zugwind dahin, flog behutsam durch den Saal, streifte den Rahmen eines Bildes und blieb an ihm hängen. Andrej Nikolajewitsch blickte zu dem Bild hin. Es war eine Apotheose der Hl. Allianz: Kaiser Alexander hielt den

österreichischen Kaiser und preußischen König an der Hand. Sein Kopf war leicht nach hinten gebeugt und die Augen zum Himmel erhoben. In der Höhe waren Lichtstrahlen, die von dem "Allsehenden Auge" ausgingen, drohende Wolken durchbrachen und den russischen Herrscher überreichlich beschienen, während seine Gefährten im Schatten verblieben.

Andrej Nikolajewitsch betrachtete den Saal, und es schien ihm, daß er ihn zum erstenmal sähe, nicht so, wie ein schon gewohntes Zimmer mit bekannten Dingen, sondern irgendwie unbefangen, aufs neue. Und es war eigenartig, daß sich in seinem Haus, dem lieben, noblen, sogar stattlichen, aber nicht hohen Haus dieser Saal von so vollkommenen Maßen befand. Und er fühlte, was der Erbauer ausdrücken wollte, als er sagte, daß dieser Saal in das Haus gesetzt wäre wie ein Flamingo in einen Käfig. Er verglich ganz allgemein das gesamte Haus gern mit einer Muschel oder mit einer Schildkröte und den Saal mit dem sich in deren Inneren befindenden Lebendigem. Man sagte, er habe sich lange mit dem Architekten über jedes Detail beraten und sorgfältige, genaue Berechnung der Beziehungen der Teile zueinander verlangt. Und so schuf jener die allerbeste mathematische Kombination. Die Wechselbeziehungen der Linien, die Verbindung der Wände, der Decke, des Fußbodens, die Anordnung der Türen, der Fenster, das in sie einfallende und den Saal erhellende Licht, die sich in ihn legenden Sonnenflecken, die sich hinziehenden Lichtstreifen, all das war, wie man spürte, auf dem ihm gemäßen Platz, konnte nicht anders sein. Die Wechselbeziehungen waren unwiederholbar, waren die einzig möglichen, und diese Verbindung von harmonischer Gliederung waren den Beziehungen zwischen Blutsverwandten ähnlich, sogar den verschiedenen Organen eines lebenden Wesens.

Wenn die Sonne den Saal erhellte, schien es, als finge das Leben an, in hellen Adern zu pulsieren. Es glühte in brennenden Lichtern und flammte auf, wenn das Kaminfeuer aufloderte. Und das weiße Ebenmaß des

Saals rief einen wunderbaren Eindruck von strenger, tiefer Vergeistigung hervor.

Plötzlich fühlte er mit unerwarteter Klarheit, daß er niemals mehr weder den Saal noch das Haus wiedersehen würde, und daß vor ihnen allen ein anderer, unbekannter Weg läge.

Andrej Nikolajewitsch erhob sich und nach ihm alle übrigen. Er küßte Anna Borissowna die Hand, und alle gingen, gefolgt von den Dienstboten, hinaus auf die Freitreppe.

Andrej Nikolajewitsch und Anna Borissowna stiegen in die Kutsche und, begleitet von den abschiednehmenden Hausangehörigen und dem Hausgesinde, rollte der Wagen die Auffahrt hinunter.

Sie fuhren durch den Park, der noch die schöne Auflösung des frühen Herbstes bewahrte, und dann aus dem Park heraus an dem schon herbstlich kahlen Wald entlang.

Es war ungewöhnlich still. Alles schien wie erstarrt und zu Boden gedrückt von der Schwere der in sich leuchtenden, wie Senf beißenden, mattweißen herbstlichen Luft...

Nur weiter oben zerfiel sie in Schichten, und dort, schon in der Bläue, schwammen kleine, dichte, vom Frost in der Höhe gehärtete Wolken.

Sie rollten in eine Schlucht. Die Seitenpferde gingen langsam und vorsichtig auftretend, ohne das hintere Geschirr anzuspannen. Das Deichselpferd gab nach, stand schließlich schräg in der Deichselgabel und, sich auf den Boden stemmend, bewegte es die Beine, rutschte mit den Hufeisen auf dem steilen Abhang oder über einen Stein. Der Wagen kam stärker ins Rollen. Der Kutscher hielt aus Vorsicht die Zügel leicht hoch und schnalzte beruhigend. Das Kummet am Hals der Pferde war ganz bis zu den Ohren gerutscht... Ein buntes Blatt fiel, glitt schräg über eine unsichtbare Fläche, dann drehte es sich, sank mit dem Stengel nach vorn hinunter und kam, sich wie eine Schraube windend, zur Erde herab.

Die Kutsche fuhr in die Schlucht hinein, und hier wurden sie von weichen, wehenden Luftströmen umflossen und übergossen, als badeten sie in einem Fluß und gerieten an seinem Ufer an eine Stelle, wo mehrere Quellen entsprängen. Unbewegt standen Bäume, erinnerten an Wasserpflanzen. Der schimmernde Reif vor dem kommenden Frost trat in weißlichen Adern aus der harten Erde heraus.

Die Troika galoppierte nun im Galopp eine Anhöhe hinauf. Die Kutsche neigte sich zur Seite, ihr Flügel schrammte am Rad, die Walze streifte ein Gestrüpp. Sie wurden aus der Schlucht getragen.

Mit einem Mal wich der Wald zur Seite. Jetzt fuhren sie auf einer Ebene langsam emporsteigend zum Horizont. Ab und zu trafen sie auf einzelne Bäume. Ihr vom Wind abgewehtes Laub lag in Haufen. In der Ferne - Wald und Park. Sie tauchten auf und verschwanden wieder in den Wegbiegungen. Auch sie schienen riesengroße Haufen von Blättern zu sein, hingeworfen von der Brandung des großen Luftmeeres. Dann wieder glichen sie einem Durcheinander von allem Möglichen, einer rothaarigen, lockigen Perücke, einem Schwamm, Preiselbeermarmelade mit heraustehenden Stielchen, Häufchen von Spinatpüree.

Der Kutscher lenkte mit gebogenem Arm die Pferde vom Weg zur Seite und brachte die Troika zum Stehen. Von hier aus war zum letzten Mal die Kirche zu sehen. Als Kinder stiegen sie hier aus der Kutsche, nahmen die Mützen ab, bekreuzigten sich, wie es Brauch war. Und nun hielten sie an dieser Stelle für eine Minute an. Andrej Nikolajewitsch schaute lange mit blinzelnden Augen dorthin. Die Bäume auf der Allee schienen von weitem lange Nester vielfarbiger Kristalle zu sein. Über ihnen erhob sich der mit Facetten verzierte Glockenturm.

Der Kutscher wartete ehrerbietig mit gekreuzten Armen. Andrej Nikolajewitsch schaute und schaute, dann bekreuzigte er sich verstohlen, gab sich den Anschein, als zupfe er an einem Knopf. "Fahre!" sagte er und schloß die Augen.

Die ungleichmäßige, zuckende Bewegung, das Schütteln, die Stöße verhinderten eine genaue Vorstellung von der Schnelligkeit der Fahrt. Mal schien es, als führen sie sehr langsam, dann wieder sehr schnell. Und nur, wenn sie über tiefen Sand kamen und die Räder knirschten oder wieder auf der Chaussee waren, stellten die Stöße auf das Pflaster erneut die richtige Vorstellung von der wirklichen Schnelligkeit her.

BERGGEWITTER

In einer Schlucht im Gebirge grollte unten zwischen den Bergen eine Gewitterwolke, eine richtig dunkelblaue Kugel. Die Sonne, hinter den Berggipfeln verborgen, beschien sie nur auf einer Seite, und ein Lichtstreifen, in der Mitte breit, am Ende schmal, betonte ihre gänzlich runde Oberfläche. Die Wolke trieb vor und zurück in einer der Erde fremden Weise, schon in außerirdischem Zeitmaß, ging wie auf einem Webstuhl von Berg zu Berg und zurück, aber überschritt die Berghöhen nicht, sammelte Kräfte, verschmolz mit der Sonne, grollte immer lauter mit einem drohenden, metallischen Dröhnen, ohne sichtbare Blitze, die sie noch in sich verbarg. Fetzen schwarzer Wolken, die den Bergkamm entlangliefen, näherten sich ihr von verschiedenen Seiten, und sie nahm sie herrisch in sich auf. Der Himmel über dem Bergrücken erkrankte wehrlos, bedeckt von einer Dampfgeschwulst, drückte die Luft. Die Vögel stießen traurige Schreie aus, flogen fort von der gefährlichen Schlucht und kehrten wie gegen ihren Willen langsam, schwer mit den Flügeln schlagend, wieder zurück.

An der Krümmung des Weges, der den Berghang erreichte und um die schon unzugängliche Höhe lief, war auf einmal der hintere, flache Teil der Wolke zu sehen, der sich im Versteck der Fichten, Tannen und Eichen, im Geheimen und im Grau der Berghänge verbarg. Er half der Kugel, nährte, versorgte sie. Dann stieg sie langsam, wie mit großer Anstrengung die Berge hoch und nahm rückwärts ganz neue Räume ein.

Einen halben Tag lang reifte die Kugel heran. Erst gegen Abend bewegte sie sich zur Hochebene geradewegs auf eine Erdmulde in dem ausgetrockneten Bergfluß zu, streifte seinen Grund mit Wirbeln, Wind und Sturm. Wie in einem Platzregen sprühten die Blitze nach allen Seiten, daß sie aussah wie ein Feuerigel, und ihre Tiefe glühte auf, als gieße sie Sonnensamen aus.

Texturale Komposition 3, 1989, 30 x 40 cm

"Die Sonne bewegte die aus
der Tiefe gebärende Erde
...."

Von den Blitzen fing ein Heuschober Feuer, loderten Bäume, flammten Sträucher auf und wurden im Augenblick gelöscht von der sich ruckartig unterbrechenden Brandung der nun niederstürzenden, rollenden Regenwellen. Der Donner verhielt sich dem Berg gemäß, den Schall in Stufen zurückstoßend und weitergebend, ferner und ferner.
Dann schritt die ganze Nacht über unaufhörlich der Troß der Wolken, nahm in ganzer Breite die Hochebene ein, die Berge mit den Bergstraßen, die Bauernhöfe und Weiler. Das Vieh verschwand in den Bergen, in der Wolke brummte der Motor eines Autos, es klangen die Glocken der umherschweifenden, unsichtbaren Kühe. Und die Wanderer auf den Bergwegen, die Bewohner der Dörfer und Bauernhöfe dachten sich Schabernack aus, der vielleicht oder gewiß in die Tat umgesetzt wurde, in dieser Wolkenfalle.
Die Dorfleute lauschten: "Wer geht über den Hof, wer versucht das Schloß der Eingangstür zu öffnen, was bewegt sich am Fenster - ist es ein Wolkenfetzen oder ein Mensch?"
Oben auf dem Berghof ist Aufruhr im Hühnerhaus. Der Enterich ist gestohlen, der Lieblingsanführer der Enten. Hühner- und Entengeschrei, Gackern, Schnattern. Über den Hof bewegen sich weiche Schritte, halblautes Lachen ertönt, Geräusche an der Wand, ein Sprung. Das Licht kann nicht eingeschaltet werden, - die Leitungen sind vom Sturm zerrissen, Zündhölzer sind nicht zu finden. Der Hund ist nicht da. Schließlich gelingt es tastend, das Fenster zu öffnen: eine dichte Wolkendecke. Nichts ist zu sehen.
Von der Straße her hört man das laute Schnattern des Enterichs. Wenn du schreist, kann in Richtung der Stimme ein Schuß losgehen. Im Hof schweift eine weiße, schwere Kuh umher, "Formika! Formika!" ruft die

Bäuerin ihr zu. Aber Formika geht immer weiter fort von ihr. Sie gewinnt an Höhe und "schwimmt" langsam durch die Mauer des Hofes hindurch. Bei der Futterkrippe drängen sich die Kühe, es sind viele, viel mehr als die hiesigen zwölf, aber ein Teil von ihnen schleppt sich auf das Dach des Stalles, an ihren Platz stellen sich andere.
- Es rauschen die Wolken.
Schon längst fingen die Hähne an, sich einander zuzurufen, von Ferne zu Ferne über die Bergsiedlungen hin. Die hiesigen drei Hähne verpaßten vor Aufregung und Lärm die Zeit, und erst als der Knecht mühsam eine Kerze entzündete, schlossen sie sich dem Zurufen an, die Hälse eckig vorstreckend; ein weißer, ein schiefergrauer und ein roter, das bösblickende Auge unter dem Lid, bedeckt vom Kamm, ähnlich einer Feile mit korallenem Griff. Sie schrieen hastig im Falsett und mit einem Gurgeln im Halse. Die Bäuerin zählte das Geflügel nach. Es rauschen die Wolken.
An der Biegung der Bergstraße, die am Abhang eine Schleifenkehre machte, wurde ein Auto von einer Herde aufgehalten. Die Kühe, die die ganze Straße eingenommen hatten, blickten ruhig auf die von Dunst beschlagenen Scheinwerfer, und hoch über der Herde erhob sich jupiterhaft ein mächtiger Ochse. Sein Kopf ragte aus den weißen Wolken, wie aus einem Marmorblock, er schnaufte, zog mit dem Atem Wolkenfetzen an und stieß sie wieder ab. Eine flache Glocke an seinem Halsband läutete nicht, sondern klopfte laut, als würde auf ein hohles Holzstück geschlagen.
Plötzlich war auf der Straße das Geräusch eines Sturzes zu hören; Schimpfen, Schnattern und Gackern; gerade vor dem Auto war der scheckige, zu dreiviertel weiße Enterich zu Boden gefallen. Schnatternd, hinkend, gebeugt und verkrampft, humpelte er eilig über die Straße, überstieg ihre erhöhte Böschung - es gelang ihm mit seinem schweren Schwanz einigermaßen gut zu wackeln - aber dort, wo er hoffte, der Gefahr entronnen zu sein, plumpste er unerwartet in einen wolkigen Abgrund. Schon fast weiß, wurde er im Nu ganz weiß

und verschwand mit einem Schreckensschrei und wildem Flügelschlagen. Wieder wurde es still. Der, der den Enterich losgelassen hatte, war schon nicht mehr zu hören. Nach einiger Zeit erscholl endlich von unten, aus weiter Tiefe, ein schon beruhigtes, sogar stolzes, fünfmaliges, kurzes Schnattern, das erkennen ließ, wie tief der Abgrund war. Die Nachbarn in der Schlucht übernahmen es wie auf einem Rechenbrett, von Mal zu Mal klarer, reiner, aber leiser. Der Enterich schnatterte stimmgewaltig, und mit den Flügeln schlagend humpelte er fort. Alles Erlebte kam heraus aus erstickter Kehle. Der Schmerz in den Flügeln, den Pfoten, im zusammengedrückten Schnabel, der Stoß gegen die Brust, der wilde Flug und das weiche Kissen des Mooses, der plötzliche Fall ins Leere, der ganze Schrecken und alles Leiden riefen jetzt eine Reaktion der Freude und Wollust hervor, einen Ausbruch der Mannhaftigkeit. Er wurde kämpferisch und von Leidenschaft ergriffen. Jedes Erdhäuflein schien ihm der verlockende Rücken eines ins Moos geduckten Entchens zu sein. In der Dunkelheit und dem dichten Nebel konnte er kaum sehen, eilte von Häuflein zu Häuflein, zeigte sich jedes Mal als Freier und dann, wenn er seinen Irrtum erkannt hatte, eilte er weiter, denn weiter vorn war es noch verlockender, wärmer und heller, versprach ihm Wonnegefühle, zog ihn lustvoll an.

Inzwischen, auf der Straße hoch über ihm, stiegen die Autofahrer aus ihren Wagen, fingen an zu rauchen, unterhielten sich, versuchten vergeblich eine Kuhherde zu vertreiben, begannen mit Taschenlampen die Felsen über der Straße anzuleuchten und wunderten sich, daß ganz nahe auf den Felsabhängen, rangartig aufgebaut, Schafe standen. Die untere Reihe war von einer schmalen Wolke verdeckt, und diese schafbeinige Wolke blökte und trat mit ihren vielen Beinen auf der Stelle, und als mit Steinen auf sie geworfen wurde, wagte sie nicht, sich zur Seite zu bewegen.

Die folgende Reihe schien im Nebel eine Schicht zitternder Honigpilze zu sein - ein großer Schafhonigpilz.

Und weiter weg stand da ein bemooster Schafsfelsen, Glied an Glied wie Stein an Stein. Geduldig warteten sie, um aufzusteigen, blökten zuweilen, riefen einander zu, eine Reihe nach der anderen. Es schien, als bestünde die ganze Berghöhe aus Schafen. Man rief nach dem Hirten, er blies irgendwo das Horn, rief etwas, aber war nicht zu sehen.
Und die Wolken zogen, rauschten über die Bäume, über die Sträucher wie dichter Tau, knisterten wie Reif, fauchten über die Berge.
Plötzlich stieg aus der Tiefe, gerade aus der Mitte des Wolkendickichts eine riesige, große, schneeweiße Wolkenkugel hoch, ganz so, als wäre sie mit dem Löffel des Eismannes glattgestrichen und mit einem Tropfen Sahne von samtiger Reife in der Mitte. Als sie sich leise den Bergpfad entlangbewegte und auf der Spur ihrer Tag-Zwillingsschwester die Bergstraße nahm, wurde die Stille stärker, kein Wind rührte sich. Es wurde warm, feucht, es hellte sich auf, all das, was man vorher gesehen hatte, war verschwunden, und leichter Brandgeruch eines wahrscheinlich weit entfernten Waldbrandes lag in der Luft. Als die Kugel vorbeizog rührten die Berge sie der Reihe nach an, verneigten sich vor ihr.

> "Die Sonne bewegte die aus
> der Tiefe gebärende Erde
> ...."

ZWIELICHT

Der Priester schloß die Königstür der Ikonostase zum Zeichen, daß Adam und Eva aus dem Paradies vertrieben wurden. Die kurzsichtigen Augen zukneifend, mühte er sich mit dem Schloß. Dann schritt er mit einem Lobpreis zum Altar, und hinter der Tür wurde der purpurfarbige Vorhang zugezogen.
Pudoschin wandte sich dem Ausgang zu, ging seitwärts durch die ungleichmäßigen Reihen der stehenden Menschen.
Die Lesung begann. Beim Kerzentisch war ein starkes Gedränge, die Eingangstür war verstellt. Pudoschin bahnte sich einen Weg in den Vorraum dieser Hauskirche, wo ein mißlungenes Kreuzigungsbild in die Augen sprang. Es war dick getuscht, die angenagelten Beine waren unverhältnismäßig vergrößert und fast getrennt vom übrigen Körper gemalt. Am Rand war eine Inschrift in verschnörkelten, verblichenen Buchstaben in altslawischer Sprache, die besagte, daß eben diese angenagelten Beine durch das Geräusch ihrer Schritte die Ureltern im Paradies erschreckt hatten.
Zwei miteinander flüsternde Alte grüßend, verließ Pudoschin die Kirche und wandte sich nach links auf die dunkle Straße. Regen fiel, zuerst ziemlich stark, dann seltener, in größeren Pausen und hörte bald auf.
Weiter seitwärts heulte durchdringend eine zweitönige Feuerwehrsirene auf. Mechanisch schritt Pudoschin schneller, im Takt mit der Sirene, und als sie schwieg, gab er diesen Schritt nicht auf. Ihn amüsierte die Erinnerung an die bei dem Kreuzigungsbild flüsternden Alten. Insbesondere einer von ihnen strich so bedeutungsvoll seinen Backenbart, zog befremdet die Schultern hoch, erhob vielsagend die Brauen, nachdenklich wiegte er den Kopf, starrte dem Gesprächspartner gegenüber in die Augen und neigte sich vertraulich zu seinem Ohr, um Aufmerksamkeit zu erlangen, so daß man glauben konnte, er erörtere geistliche, göttliche Geheimnisse, vielleicht die Politik der Engelwelt oder mystische, erwogene

Veränderungen. Doch dieser andere Alte, lauschend und gleichzeitig in seinem Geldbeutel wühlend, machte plötzlich ein bedeutungsvolles Gesicht und fragte: "Er legte vier Herzen auf und hatte nur eine Karo-Dame?" Und die Alten stürzten sofort von ihrem metaphysischen Pedestal.

Über die Straße lief ein mageres, struppiges Hündchen. Als es Pudoschin von weitem sah, huschte es an ihm vorbei, lief auf die andere Straßenseite, erschrocken zusammenzuckend und mit dem Schwanz wedelnd. Als er sich nach ihm umwandte und sah, daß es ihm augenscheinlich folgte, winselte es und rannte Hals über Kopf fort. Irgendwo, ganz tief, rührten sich in Pudoschin Gedanken, schwer wie Mühlsteine, und fielen wieder zurück in eine unbewußte Tiefe. Es waren verschwommene, schwere, sinnlose Gedanken über diese ganze dunkle und mißlich scheinende Welt aus Zwielicht, aus der dieses Hündchen kam, und darüber, daß ihre Begegnung eigentlich eine andere hätte sein sollen, daß er zu ihm als sein Beschützer hätte gehen müssen, um ihm irgendwie verwandtschaftlich die Hand auf den Rücken zu legen und zu bekennen, daß er um sein Unglück wisse und den in seinen Augen sichtbar gewordenen Ruf höre.

Alle diese unklaren Gedanken verschwanden wieder, erregten und berührten ihn kaum noch. Er ging schnell und brachte sich in Ordnung, rückte den Hemdkragen, die Krawatte zurecht, schloß die Knöpfe des Regenmantels.

Die dichte Wolkendecke zerriß schließlich, und die Wolken stiegen hoch zu einem mattscheinenden, abnehmenden Mond. Am Horizont türmten sich einzelne Wolkenberge auf, gingen auseinander, zerfielen in Fetzen, zerbröckelten immer mehr, stießen ungeschickt gegeneinander und füllten sich mit trübem Licht. Die Luft dampfte, wurde schwer. Nur ein kalter, schwacher Wind berührte ihn, wehte durch die Straßen, strich leicht und unbeirrt über die Pfützen.

Auch in ihm war ein Zwiefaches - ein dumpfer, schwerer Bock und ein leichtfüßiges, selbstverliebtes Pferd, die sich, wie es auch schon früher geschehen war, zu etwas Absonderlichem verbanden, zu irgendeinem unwirklichen Ziegenpferd.

Übrigens, wenn Pudoschin über sein inneres Leben nachdachte, geschah es ziemlich oft, daß er solche Selbstbetrachtung anstellte und dabei vier grundlegende Zustände erkannte...

KLOSTER ROSAY

Dieser Klang des Windes im Ofenrohr. Kaum zu glauben, daß es das noch gibt in unserer Zeit. Mit klaren, vollen Tönen spielt er auf Zweier- und Dreierpfeifen, geht dann über in ein kaum hörbares Säuseln, steigt unerwartet hoch von unten nach oben, wandert hinauf wie über einen vielzahnigen Kamm, dann wieder hinunter, zieht einen mittelhohen Ton in die Länge, zeitweise so leise, daß er kaum zu hören ist, und von neuem pfeift er, tönt zwei- und dreistimmig in der Ofenhupe.

Und mit diesem Klang des Windes sind das ganze Leben lang Bilder aus Kindererzählungen verbunden: die frostige Nacht, das Spiel der Sterne weit am Himmel und das unheimliche, ferne Heulen des wilden Tieres dort im leeren Feld, im Wald; der einsame Wanderer und der sich im Dunkel versteckende Unhold. Und im Gegensatz dazu die häusliche Behaglichkeit, das warm geheizte Zimmer, wie dies hier, mit dem gelöschten Licht, oder mit der abendlichen Lampe, das Bettchen...

Zwar lenkten die Geräusche des Windes nach innen und weckten die Vorstellung des nächtlichen Friedens, doch das Fenster war von der Sonne erhellt. Das Tageslicht drang wie ein Pfeil zur Erde und ließ den winterlichen Garten mit den fallenden Blättern prächtig erstrahlen, beleuchtete ihn und auch die kleinen Häuser der Nachbarn, hinter dem Gartenzaun, die im Sommer vom Laubwerk verdeckt waren, und die man dort nicht vermutete. Jetzt waren sie klar zu sehen - es waren zehn - sie standen unter dem klaren, blauen Himmel gerade so, als wären sie frisch gewaschen, und sie zeigten sich in einer solch schlichten, einer so einfachen, einer so überaus herzlichen Offenheit.

Auch im Feld öffnete der Winter neue Weiten - Niederungen waren zu erkennen, Kirchtürme, die im Sommer nicht zu sehen waren, und am Horizont, der über drei wellige Hügel verlief, entdeckte man eine Allee mit Bäumen, die mit ihrem weitausladenden Astwerk breit dastanden.

Über allem, alles bedeckend erhebt sich die Luft, steigt empor in die Tiefe des Himmels, lobpreisend erstrahlt sie hell in ihrer Reinheit und Durchsichtigkeit; und lobpreisend erklingt jetzt das Dankgebet im Speisesaal nach dem Mahl: "Preis Dir, Herr, Preis Dir, Heiliger, Preis Dir, Herrscher, denn Du gewährtest Speise uns zur Freude."
Die freudespendende Gabe auf dem Wachstischtuch im hochgewölbten Speisesaal, die heiteren Farben der Gemüse, das zarte Weiß des Reises mit dem purpurroten Mus.
Im Fenster war der Tag noch sichtbar, doch die ungeduldige Nacht, das ungeduldige Heer, ließ sich schon im Ofenrohr hören. Der winterliche Tag erbleichte, wurde dunkel und verlosch schnell. Von überallher und durch das Ofenrohr brach die Nacht herein. Und während des Abendspaziergangs vor dem Schlafengehen begegnete man im leeren Feld, wo ein Feuerchen leuchtete, dem einsamen Wanderer. Eine geheimnisvolle Gestalt wich zurück und war in der Dunkelheit verschwunden, und ein unsichtbares Wesen heulte fern im Wald.
Zuerst konnte man nachts nicht schlafen. Nach dem langjährigen, pausenlosen städtischen Lärm reizte die Stille das Ohr, überwältigte es. Kein Laut weit ringsum, kein Laut in dem Kloster, das abgelegen weit von der Stadt lag, weit von den zur Stadt führenden Straßen. Aber allmählich waren die Stille und Jene Hand, die das Kloster beschützte, wie eine mütterliche, beruhigende Hand auf dem Kopf des Kindes, wie die Flügel auf dem Vogeljungen. Die Stille besänftigte, drang durch das Dach, durch die Zimmerdecke, berührte die Stirn.
Am nächsten Tage fiel vom frühen Morgen an Schnee. Die kleinen Häuser mit den noch geschlossenen Fensterläden standen da, gesammelt, verschlossen, wie unbeweglich erstarrte Elefantenjunge. In die Zimmer drang, eintönig, alltäglich, das Gebet der im Speisesaal versammelten Alten: "Die Armen werden essen und gesättigt werden." Draußen ist das Land weiß, am Himmel schwarze, dichte Wolken, und es scheint, als gehe das Tageslicht von der Erde fort.

Aufbruch, Abfahrt, Felder, kleine Haine, dann immer öfter Häuser, Siedlungen, kleine Städtchen und schließlich von der Höhe herunter zu dem alles bedeckenden Rauch und Staubnebel, dem giftausdünstenden, ungeheuerlichen Durcheinander der Gebäude, zu dem Lärm, dem Donnern, der Hast, dem rhythmischen, abscheulichen Gedränge und der Hetze, in die man gewollt oder ungewollt hineingezogen wird, wie in die Treibräder der Maschinen. Trach, trach; Trach trach; vom Schlaf zur Arbeit, von der Arbeit zum Essen, vom Essen zur Arbeit, von der Arbeit zum Schlaf, eile, fliege, haste ohne Unterbrechung! So bleibt das Tollhaus in Gang.

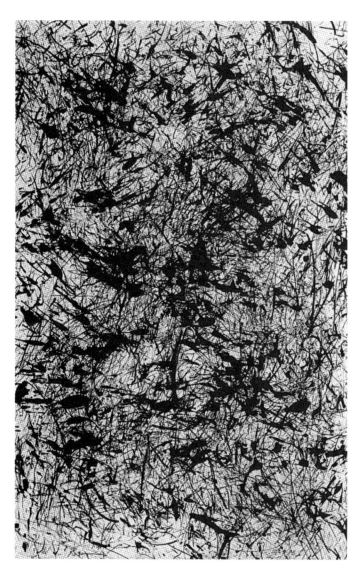
Texturale Komposition 4, 1989, 48 x 60 cm

HERBSTLAUB

Herbst. Wald. Windstille. Nur bisweilen durchzieht ein langgezogener Seufzer die Luft. Der Himmel ist wolkenlos, und die weiße Sonne scheint überall durch die kahl werdenden Wipfel auf die schwarzen Baumstämme und zwischen sie hindurch auf das Unterholz des Waldes. Das Laub fällt langsam, mit Unterbrechungen.

Auf einmal ist in der Stille ein Geraschel zu hören, und allerlei Blätter in der Farbe von Äpfeln und Birnen und Ananas, noch saftige und schon ein wenig vertrocknete und einige, die zu einer verdorrten, engen, rohrförmigen Muschel zusammengerollt waren, sinken, sich drehend, raschelnd und in der Sonne flimmernd nieder auf die Erde.

Große, gezackte Blätter fallen gleichsam von einem Windstoß zum anderen herunter, aber das kleine Blatt gleitet hin und her, schräg und zur Seite, in seinem eigenen, ihm bekannten, luftigen Wendekreis.

Und es scheint, als ob all diese Blätter durch die stille Arbeit der Sonnenstrahlen fallen, die sie leicht scherzend von den Zweigen lösen und umherstreuen. Die Sonne bereitet den Herbst auf den Winter vor. Und das verstreute Laub duftet schon lecker nach Waldlebkuchen, der Lockspeise für den Schnee.

Gegen Mittag erhebt sich ein Wind und verstärkt die Arbeit der Sonne. Der Blätterfall wird rastlos. Hastig taumeln die Blätter schräg nach unten hinab, ohne auf Schönheit zu achten, und ohne auch nur zu wissen, wie und wohin sie fallen.

Geradeaus auf dem Waldweg sprengt völlig lautlos ein Reiter vorbei. Während er sich entfernt, schlägt er ungeschickt mit den Ellenbogen auf sein rabenschwarzes Pferd ein. Danach schon, von ferne scheint es, als wäre da kein Pferd, sondern ein Mensch, der läuft und einen anderen auf der Schulter trägt und die Ellenbogen ruckweise bewegt. Schließlich verschmelzen Pferd und Reiter zu einem Jungen in schwarzen Pluderhosen, der, weshalb auch immer, hinter den fallenden Blättern herjagt.

Gegen Abend läßt der Wind nach, aber noch wirbelt er die letzten Blätter auf, und sie fliegen, wie es scheint, über die Maßen traurig zu ihren Winterplätzen.

Nur fünf Nußsträucher, keck wie eh und je, halten ihre ganzes Laub fest. Auf ihren Blättern - braunrotes Gold und der Purpur des Sonnenuntergangs, weiter unten Grün, ganz frühlingshaft, das übergeht in Gelb, in das Gelb der Bergamotte und Aprikose. Sie haben etwas, mit dem sie prahlen können, und was kümmert schon diese vor Kraft Strotzenden.

EINTÖNIGES LICHT

Grauer Himmel. Ein grauer, langweiliger Tag. Graue, trübe Stimmung. Alles ist unbestimmt. Im Kopf - völlige Leere, als wäre alles Denken erstarrt.
Schwermut, Langweile, und auch im ganzen Leib ist diese Unbestimmtheit fühlbar. Aber der Kopf reagiert nicht darauf, versucht nicht zu erklären, um was es geht - auf keine Weise. Der Kopf ist wie gelähmt.
Es fängt an, in Tropfen zu regnen. Zwielicht wie bei Einbruch des Abends, obwohl es erst zwei Uhr am Tage ist. Bei den Nachbarn gegenüber ist die Lampe angezündet. Unerwartet trägt der Wind von weit her Kirchengeläut, eine solche Seltenheit in Frankreich. Der Regen wird stärker. Ein aufgeplusterter Spatz, der nahe vor dem Fenster auf dem Zweig der Platane unter einem Blatt wie unter einem Schirm sitzt, rückt mit den Füßchen, setzt sich bequemer und steckt den Kopf unter die Flügel. Die kleine Brust schwillt an vom mühsamen Atemholen, und von Zeit zu Zeit erzittert das ganze Körperchen.
Ein Unwetter, das lange dauern wird. Eintönig klopft der Regen ans Fenster, eintönig ist der verfinsterte, düstere Himmel, und das dichte Halbdunkel taucht alles in dieses eintönige, dunkle Licht. Erstarrung tritt ein. Zuerst spürt man sie nur mal im Bein, mal im Arm, dann vergeht sie wieder. Das Trommeln des Regens ist nun nicht mehr zu hören. Die Augen sehen nicht mehr die Gräue ringsum. Leere.
Plötzlich setzte der Regen mit klopfendem Fall von neuen ein, doch gedämpft und dumpf. Etwas Graues tauchte auf, schwankte, erzitterte... Wieder setzte die Erstarrung ein. Und der Arm schmerzte in unruhigem Schütteln, schmerzte, stach, juckte.
Ein feuchter Wind wehte, kalt wie Eis. Es roch nach Fäulnis. "In einer solchen Luft sind Milliarden Mikroben." Dieser Gedanke blitzte auf, aber der Kopf war wieder leer. Und der Arm begann in einer neuen Lage abermals einzuschlafen.

Ein eisiger Windstoß warf Spritzer ins Gesicht, rasch prasselten Regentropfen auf den Kopf, und wieder geriet alles ins Schwanken. Mühsam begann ich mich zu bewegen - der Leib war ganz erstarrt. Ich setzte mich aufrecht. Aber es hörte nicht auf, mit aller Kraft zu stürmen, unaufhörlich, wehte den Hut zur Seite, überschüttete das Gesicht mit Wasser. Offenbar war es nur möglich, in der vorherigen Lage in der Ecke zurückgelehnt zu sitzen. Ich drückte mich in sie hinein, undeutlich fing ich an wahrzunehmen, daß ich mich in irgendetwas bewegte, in irgendeine Richtung rollte, in einer Kutsche fuhr. Im gleichen Augenblick wendete die Kutsche, und in der Lücke zwischen dem Rücken des Kutschers und dem Rand des aufgezogenen Wagenverdecks sah ich im Zwielicht die dunklen, riesigen Kolonnaden der Isaaks-Kathedrale.

Der Wind peitschte den Regen. Jetzt blies er von der Seite, und wieder traf er mich, stürzte sich auf mich, preßte, nahm den Atem. Fast stürzte die Kutsche um. Es kam so weit, daß man in die andere Ecke des Wagens klettern mußte. Das Pferd trabte immer langsamer. Der Wind brachte es aus dem Schritt, stieß es vom Weg. Der Kutscher, der mit der einen Hand an den Zügeln zog, hielt sich mit der anderen am Bock fest. Plötzlich riß der Wind ihm seinen breiten, flachen Kutscherzylinder vom Kopf, der, kaum zur Erde gefallen, in die Luft gewirbelt und gegen einen Laternenpfahl gedrückt wurde. In seltsamer Weise glitt er an dem Pfeiler entlang hoch, drehte sich um die flimmernde Laterne. Wie die Laterne selbst schaukelte er wunderlich hin und her und trieb in rasender Eile dahin, immer höher an der Kathedrale hinauf. Der Kutscher winkte nur mit der Hand ab - "Was kann man da machen?"

Wie aus einer Kanone donnerte ein schwerer Glockenschlag, aber der Wind ließ ihn nicht wie sonst tief und lang ertönen. Der Schall wurde über den Platz gezogen, breitete sich über ihm aus, wurde auf die Mauern der Gebäude geworfen, wieder zurückgeschlagen auf die Kathedrale und vermischte sich mit dem ungeheuren tönenden Brei. Der Wind zerfetzte das Bukett der Klänge, den zusammengesetzten samtigen, majestätischen Klang. Nur Tosen war zu hören, donnerndes Grollen, Heulen und Winseln. Und der Wind trug dies alles fort, vereinigte es mit sich, schraubte sich wie eine Sirene heulend vom Baß bis zur äußersten Höhe. Mal stärker, dann wieder schwächer werdend, lief das Echo über den Platz.

Der einsame Kutschwagen mit dem hochgezogenen Verdeck wurde überflutet. Und auch der Kutscher ohne Hut mit dem vom Wind zerzausten Haar wurde niedergezwungen, so wie der Gaul mit der zersträubten Mähne und der sich in die Ecke der Kutsche drückende Fahrgast.

Wir bogen ab zum Senatsplatz. Der Wind blies jetzt unmittelbar ins Gesicht. Das Pferd ging im Schritt. Langsam entfernten wir uns von der Isaaks-Kathedrale. Die Klangorgie wurde gedämpfter, die Glockenschläge seltener. In den Pausen war nur ein verworrenes, verschiedenstimmiges Summen, irgendein entferntes Zurufen zu hören. Diese Töne waren der Widerhall aus irgendwelchen, Gottweiß wievielen, entfernten Ecken.

Langsam fuhren wir über das unebene Kopfsteinpflaster am Synodgebäude vorbei. Da ist die Arkade, der Senat und rechts das Denkmal Peters. Der Bogen ist eingerüstet. Das Gerüst zieht sich bis zur Ecke des Senatsgebäudes; in einem Gerüst steht auch das Denkmal.

Als wir uns der Arkade näherten, brach unter ihr das gewohnte Isaaksdröhnen hervor. Der Bogen sammelte die vom Wind auseinander gerissenen Klänge. Wir näherten uns der Neva. Der Wind, der den Regen plötzlich unterbrochen hatte, ließ ihn ebenso plötzlich wieder niederprasseln. Es klang genau so wie tausende hämmernde Schreibmaschinen. Der Wind hob den Regenvorhang hoch, warf ihn von neuem auf die Erde, er fiel in schwerem Sturz herunter, und das Hämmern ging in einen kompakten Lärm über.

Ich tastete nach dem Schirm, öffnete ihn, stemmte seine Spitze gegen den Rücken des Kutschers und schützte so die Öffnung zwischen der Lederdecke und dem Verdeck.

Und der Wind preßte, stockte plötzlich, kam wieder zurück. Immer schwieriger wurde es, Widerstand zu leisten... Schließlich gaben wir auf... beugten uns... fuhren zurück...

SPIEGELUNG

Unmittelbar vor dem Fenster unseres Zimmers steht eine Platane, eine leuchtend grüne, großblättrige, und in ihrem Stamm ist eine sanfte Vertiefung wie eine Höhle, eine schattige, verlockende Grotte. Dort hinein flog eine Wespe, drang ganz tief in sie ein, schwirrte da im Dunkel der inneren Gänge umher. Nur ihr unzufriedenes Summen war zu hören.
Im Blätterdickicht waren senkrechte Öffnungen, Schächte. Durch sie hindurch war der Himmel zu sehen. Sonnenstrahlen flossen in sie hinein, legten sich auf die Blätter. Die Blätter leuchteten auf, ihre Äderchen traten hervor und dazu allerlei Streifen und Kanälchen. Am Wipfel des Baumes, am Ende der Schächte, ist das Leuchten besonders stark, und an ihren Rändern sieht man in sie eintauchende Sonnenstrahlen. Sie sind dünn und spitz wie Stacheln. Einer der Schächte ist sehr breit, durch ihn hindurch kann man sogar einen Teil der Sonne erblicken und einen hellen Streifen, der von ihr tief in den Baum hineinfällt. Mücken sind darauf, so klein wie Staubkörner, wie Luftbläschen auf dem Wasser, wenn es zu kochen anfängt. Die Zweige bewegen sich kaum, sacht rühren sich die Blätter. Eines, ein wenig abgesondert von den übrigen, ist kräftig, auf einem starken Stengel. Ruhig, bedächtig nickt es, - es ist zufrieden. Weiter weg am Ende des Zweiges ist ein anderes mit schlaffen Rändern und mit zwei weißlichen, wie gekränkt aussehenden Flecken in der Mitte. Verneinend neigt es sich von einer Seite zur anderen. Es scheint, als versuche es, sich von Zeit zu Zeit aufzurichten, um sich sogleich wieder kraftlos hängen zu lassen. Und jedes Blatt, jeder Stengel, jeder Zweig bewegt sich ganz still auf seine eigene Weise. Da ist keinerlei Einstimmigkeit.
Interessant ist es, die Ordnung des Baumes aus der Nähe zu betrachten. Von weitem, von der Erde aus, hat man einen allgemeinen Eindruck: ein Stamm und auf ihm die prächtige Krone des Wipfels. Und doch hat

jedes Teil in allen Details sein Eigenleben, jedes ist ein Individuum in seiner Eigenart.

Der Baum. Er zeigt sich in dem großen Spiegel, der am Ende des Zimmers, dem Fenster gegenübersteht. Im Spiegelbild ist alles da, die Blätter, die Äste, der Stamm. Alles scheint hier aber glatter und vollkommener zu sein. Das schimmernde Sonnenlicht auf dem Baum ist mal rötlicher, mal blasser als in Wirklichkeit. Auch die Schattierungen stimmen nicht überein. Und die Luft fehlt hier, der freie Raum, der all dies umgibt, ist nicht zu spüren. Und wenn man den Baum mit dem Bild im Spiegel vergleicht, so sind draußen die Blätter, Stengel und Zweige matter und rauher... Hier im Spiegel scheint entweder alles ohne Luft zu sein oder von irgendeiner schweren, durchsichtigen, öligen Flüssigkeit umgeben, in der die Zweige sich ungelenk und ohne Anmut bewegen. Und diese Bewegungen scheinen sinnlos und unerklärlich. Es sind nicht die des Baumes vor dem Fenster. Dort ist das instabile Gleichgewicht der ausgebreiteten Blätter vom Luftstrom und vom flatternden Flügelschlag leicht und einfach zu stören; die teilenden Luftströme schlagen wie eine Brandung in den Baum. Und das Hüpfen der Vögel auf den Stengeln, der Fall des trockenen Laubs bewirken das Schaukeln und Drehen der Blätter.

Aber manchmal ist das Bild im Spiegel so klar, der Baum erstrahlt in ihm so freudig auf. Die Zweige bewegen sich, die Blätter nicken im Wind so verständig, als wären sie in tiefe Gedanken versunken und in lauter Glückseligkeit. Es scheint, als habe die hier fehlende Luft sich in dieser Seligkeit aufgelöst und wäre so verloren gegangen. Dann könnte man glauben, daß dieser Baum, an dem doch der Wurm nagt, der Vogel pickt, den die Hitze ausdörrt und der Frost beißt, in dem anderen, unbedrohten Garten aufleuchtet, in dem schon endgültigen Leben.

Der Baum spiegelt sich auch in den Glastüren des Bücherschranks. Aber wegen der gewölbten, ungleichmäßigen und beschädigten Scheiben, zwischen denen sich ein größeres, ovales, aus mehreren Schichten bestehendes Medaillon befindet mit einer glänzenden Träne in der Mitte, dazu noch ein anderes mit einem gezackten Rad und ein drittes, das wie ein leuchtendes Wangengrübchen aussieht, wird das Bild des Baumes entstellt und unerwartet stilisiert. In der gesamten zusammengeballten Fülle von Grün spiegelt sich oben auch eine Landkarte, darauf eine vorspringende Halbinsel und eine Reihe von kleinen Inseln; dann die Platanenblätter mit den ausgestreckten Enden und den sehr tiefen Einschnitten, die fast bis zum Stengel reichen. Weiter ist da etwas Kleines: Blättchen - Tüpfelchen wie Mäusekot. Sie scheinen ein Gestrüppdickicht zu sein. Im Wirbel der moiré-artigen Vignette, im Wangengrübchen bewegt sich eine Raupe. Das Medaillon aus Malachit, durch das alles hier klarer, dort trüber ist, läßt die farbigen, schräg nach links stehenden Buchrücken durchschimmern.

Ein Wind kam auf. Der Baum rauschte, er warf sich hin und her. Die Bilder im Spiegel und in den Schranktüren vermengten sich in einem Durcheinander. Alles geriet in Bewegung, verflocht sich, und aus dem Ganzen sprangen Teile hinaus, um wieder einzutauchen und sich abermals mit ihm zu verbinden.

Der Wind legte sich, und die Bäume, der vor dem Fenster und der im Spiegel, waren nun zwei Tänzerinnen, Spielende, auf einem imaginären Flug. Sie scherzten, und vom Spielen satt hielten sie ermüdet inne, träumten, daß sie sich aufschwüngen, daß sie dahinjagten, dahinflögen... Sanft wiegten sie sich, lullten sich ein, jede in ihr eigenes Gedankenspiel, diesen gefährlichen Traum, dessen Verwirklichung für sie tödlich wäre.

Vor dem Fenster war ein lautes Tschilpen zu hören, riß ab. Dann ein scharfes, hastiges Gezirpe und wieder Tschilpen. Im Laub leuchtete ein dunkler Fleck auf, wie ein Blick aus der verdeckten Pupille der Platane. Eine Drossel kam und zeigte sich im Spiegel glatt gestrichen und aufgeputzt, erschien in den

Schranktüren wie ein lebendiger, springender Tannenzapfen. Die Drossel flog näher zum Fenster, hüpfte, äugte hierhin und dorthin, und ihr Gefieder putzend, sträubte und schüttelte sie sich. Ein helles Staubwölkchen war über ihr. Dieser Staub strahlte im Spiegel wie ein Nimbus auf. In den Schranktüren streckten sich die gespreizten Federn aus, wurden spitz, und die Drossel verwandelte sich aus einem Tannenzapfen in ein Stachelschwein. Sie putzte, schüttelte sich, flog dann tief in das Laub hinein, war schon nicht mehr zu sehen, und noch einmal tschilpte es.

Ich sitze mit dem Rücken zum Fenster. Vor mir über dem Kamin hängt ein großer Spiegel in einem Goldrahmen. Neben dem Kamin an der Wand - ein leuchtend roter Sessel. Im Spiegel sehe ich einen geneigten Kopf, der Scheitel in der Mitte der dunklen Haare. Vor dem Spiegel über dem Kamin - sonnengebräunte Hände, die sorgsam irgendeinen kleinen Gegenstand hin- und wieder umstellen. Ein weißes Kleid. Ein von der Sonne gebräunter Nacken unter der glattgekämmten Frisur. Die Hand bewegt sich unentschlossen in der Luft. "Wohin soll man das stellen?"

Flüchtig bemerke ich im Spiegel große, grüne Zweige. Sie regen zu keinerlei Beobachtung an, rufen keine Vergleiche, Ideen, Allegorien hervor... Viel Sonnenlicht ist im Zimmer. Leicht und behaglich ist es hier.

QUINTETT

Ein Tag - ganz Licht.
Das Wetter änderte sich mit unheimlicher Schnelligkeit, aber ohne die stabile, wunderbare Ruhe zu zerstören, die Unversehrtheit des Tages.
Ein fröhliches, sonnenhaftes Gewitter. Fröhliche, weiße und blaue Gewitterwolken, als wären sie von der Bläue des Himmels übergossen. Und das Gewitter grollte wie nach der Musik Wagners. Ein Wagnergewitter; kein dunkles, trübes, unheilschweres, sondern ein wunderbares, sonniges und fröhliches. Und die Donnerschläge wiederholten sich wie in der Walküre und hallten wider in den vier Einschnitten zwischen den fünf Bergen. - Hier hatte Wagner einmal gelebt. - Nach dem warmen Gewitter ging ein feiner Hagel nieder, und zwischen den Hagelkörnern lagen auf den Blumenkübeln einige leichte Schneeflocken.
Eine ganze Schar von Spatzen, Böen von Wind und Staub, abgerissene Blätter und Regentropfen wie durch die Luft gewischt. Ein siegreicher thrazischer Lobgesang. Honigsüßer Weihrauchduft. Maikäfer, ein Schwarm Bienen, Sommersprossen, Muttermale, ein Goldammernschwarm, Blütenblätter von gelben Blumen, Blütenstaub. Ein stillgestelltes Kaleidoskop.
Ist es möglich, die Musik Wagners mit Worten wiederzugeben? Nein, natürlich nicht, und dennoch...
Weißer, dichter Nebel, darin eine Sonne, eidottergelb, ohne Glanz, und unten als Linie ein Streifen dunkler Erde. Dort rühren sich im trüben, matten Licht aufgeplusterte Drosseln, proben lustlos in diesem Dunst ihre süßen Stimmen und flöten vorsichtig, nur für sich selbst mit leisem, himmlischen Pfeifen.
Der Nebel wurde schnell von der Sonne erhellt. Am weißen Himmel eine Sonne mit weißen, zarten Strahlen, ohne Nebel. Die Sonne gießt Licht in den weißen, blauen Himmel. Sonne - fröhliches Atmen, Freude des Himmels, Siegeshorn, den ganzen Tag singend Ruhm über Ruhm.

Diese Sonne herrscht nicht, brennt nicht unbeweglich im Zenith, sondern dreht sich als blendendes, großes Feuer; mächtig doch bisweilen verschämt spielend mit der Überfülle des Lichts, sendet sie in die Weite einen Flammenwind und fährt rasend umher, jagt in die Höhe. Dann nur ein leerer, verlassener, blauer Himmel, ohne Licht, der sich allmählich verdunkelte.
O Sonne! Du bist schon hinter der Erde. Du bist hinter der hügeligen Wand des Kriegsheers der Berge, hinter den Wäldern und Meeren. Du bist in deiner Familie, bei den gezackten Schwestern, bei den am Tage von dir verborgenen Sternen, den weisen Sternen.

LETZTES LIED

Ein Vogel von der Größe eines kleinen Zeisigs lebte am Fenster in einem unbequemen, seltsamen, runden, wie aufgeblasenen Käfig, einem Salatsieb ähnlich. Er lebte das gewöhnliche Leben eines Vogeleinsiedlers, zwitscherte hinlänglich, öfter aber tschilpte er eintönig, sprang von Stange zu Stange, vermied es, sich mit den Füßchen an die Stäbe der runden Wände zu klammern, - das war unbequem - reinigte den Schnabel am Stängchen, wetzte ihn auf beiden Seiten mit doppeltem Schlag wie ein Messer. Dann flog er herunter und pickte Körnchen aus den Hülsen, trank Wasser, indem er den Kopf nach hinten neigte. Er badete sich im Wännchen, und dann saß er auf der Stange, plusterte sich auf, schüttelte das Wasser ab und trocknete sich; so verbrachte er auch die Nacht, ein Bein angezogen und das Köpfchen unter dem Flügel versteckt.
Die Zeit verging, Tag um Tag, Monat um Monat. Er kränkelte ein kurze Zeitlang, saß da, vor sich hindämmernd, langsam und schwer atmend, mit dem leeren Schnabel schmatzend - dann lief sein Leben wieder auf der gewohnten Bahn.
Einmal, kurz vor der Dämmerung, als schon die abendlich rotschimmernde Sonne das Bauer beschien, lebte der Vogel auf, beugte das Köpfchen nach hinten, wie nach einem Schluck Wasser, und von neuem begann er zu singen, unerwartet, ergreifend. Sein ganzes Wesen nahm teil an diesem Gesang. Seine Flügel waren halbgeöffnet, alle Federchen, der ganze kleine Körper bebte. Das Hälschen mit dem Kropf vibrierte in leichtem Zittern. Der Vogel wandte sich zur Sonne, und ein Lied erklang, stieg kosend auf und nieder in der Abendluft mit solcher Reinheit der Töne, solcher Schönheit und starken Zärtlichkeit und Liebe, so überzeugend und mit solch unerschütterlichem Glauben. Nichts in seinem gewöhnlichen Zwitschern kam diesem gesegneten Lied gleich und hatte es je wiedergegeben.

Danach, schon im Dunkeln, warf sich der Vogel im Käfig hin und her, schlug gegen die Wände, krallte sich fest, als erblicke er einen unsichtbaren, ihn verfolgenden Feind. Erst spät in der Nacht wurde er still.

Am nächsten Tag, morgens, war kein Vogel auf der Stange, der sich mit seiner Morgentoilette beschäftigte, mit dem Schnabel die Flügelchen putzte. Er schwamm im Wännchen auf dem Boden des Käfigs, mit den gekrümmten Füßen nach oben, leicht wie ein Strohhalm, nur sein Rücken war im Wasser.

Nach einiger Zeit stand am Fenster, wo das Bauer gewesen war, eine Wiege - der Vogel hatte seinen Platz abgetreten. Das Kind war fröhlich, oft schlief es ein wie in einer Ballettpose, gerade als spiele Musik. Nicht selten lag es auf dem Rücken, nach oben schauend, sah etwas vor sich in der Luft, freute sich, bewegte Arme und Beinchen, ohne die Augen von dieser Stelle zu wenden, strebte ihr zu, streckte sich dorthin.

Das war der Platz des Vogelbauers gewesen, wo der Vogel sein letztes Lied gesungen hatte. Dieses Lied weilte im Raum; ein deutliches Mal, eine unvergängliche Spur war in ihn eingepreßt, wie auf einer Grammophonplatte, hatte sich aufgelegt wie ein Muttermal. Das Neugeborene konnte es sehen; es war eine Stütze für seinen noch nicht festen Blick und eine unsichtbare Hilfe im Leben. Doch gleichzeitig ist es aufbewahrt für den Tag, wo das Sichtbare verschwindet und das Unsichtbare erscheint mit photographischer Genauigkeit.

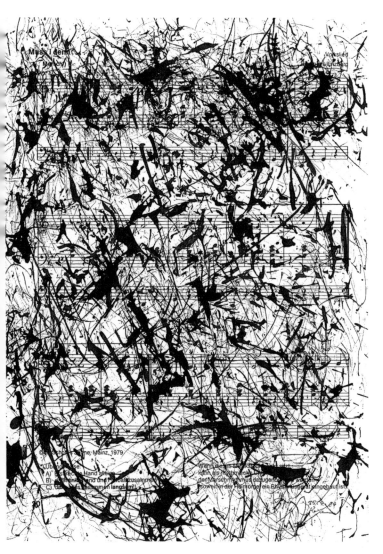

Texturale Komposition 5, 1989, 23 x 30 cm

ETÜDE

Im hohen Gras, inmitten unzähliger Kamillenblüten, stand ein Kind. Es war die Stunde vor Einbruch der Abenddämmerung. Die Luft war still und leicht, und in dieser Stille hörte das Kind zum ersten Mal nicht weit entfernt, den Kuckuck rufen. "O!" rief das Kind. Erstaunt und froh lauschte es aufmerksam diesen aufeinanderfolgenden Rufen und begann dem Kuckuck zu antworten. Das Mädchen, das mit der Beaufsichtigung des Kindes betraut war, pflückte Kamillenblüten und begann, indem es die Blütenblätter ausriß, mit dunkler Stimme im Singsang zu sprechen: "liebt, liebt nicht - liebt, liebt nicht", im Takt mit dem Kuckucksruf - das erste Wort fiel auf den ersten Ton, die beiden anderen auf den zweiten - "Liebt, liebt nicht - liebt, liebt nicht." "Ni", rief das Kind, wandte sich dem Mädchen zu, "Ni." Doch das Mädchen setzte sein Ratespiel fort, und das Kind wiederholte hartnäckig mit Kummer, schließlich voller Verzweiflung "Ni, Ni", und als das Mädchen endlich aufhörte und die Kamille mit den dreieckigen, noch nicht ausgerissenen Blütenblättern fallenließ, begann das Kind von neuem, begeistert dem Kuckuck zuzurufen. Aber der Kuckuck hörte auf zu schreien, und das Kind hielt gespannt inne.

Die Sonne sank tiefer, und von den Kamillenblüten liefen sternförmige Schatten durch die Halme des Grases. Bald strahlte die Sonne in blendendem Licht, bald, im nächsten Augenblick, trat zwischen den Strahlen ihre dunklere Scheibe hervor, wie ein rundes Mondtal. Plötzlich schrie der Kuckuck aufs neue. "O!" rief wieder das Kind, und abermals fing es an, aus dem Gras dem Kuckuck eifrig und freudig zu antworten.

Die Sonne trieb ein zitterndes Spiel, und der Himmel rings um sie herum wurde allmählich rötlicher. Aus dem Kiefernwald, in dem der Kuckuck schrie, waren überall Stimmen von Spaziergängern zu hören, die dem Kuckuck zuriefen, und ihnen begann nun das Mädchen zu antworten. Und alle diese sich zurufenden Stimmen:

die des Mädchens, die des im Wald verstreuten unsichtbaren Chors, die des Kindes, des Kuckucks, zwischen dessen "Kuckuck, Kuckuck" das Kind hastig noch kleine piepsende, protestierende "Ni" einfügte - es wollte ganz allein mit dem Kuckuck rufen - all dies verschlang sich zu einem tönend schwingenden, sich hebenden und fallenden Geflecht, zu einer vom Kuckucksruf angeführten Etüde, in der dieser zweitönige Ruf herrschte.
Aber nicht nur der Kuckuck ruft, auch die anderen Vögel rufen. Es ruft die Nachtigall, sie betont die erste Note und verbirgt den Kuckucksruf in der Vielzahl ihrer musikalischen Schnörkel. Die Goldamsel ruft, indem sie am Ende ihres Motivs eine sich hochschraubende Kolloratur schnalzt. Unzählige Vögel aller Art stimmen ein; mal verstecken sie ihren Ruf, mal verschlucken sie den zweiten Ton, daß er nur leise zu hören ist.
Aber nicht nur die Vögel rufen. Schrecklich, herzzerreißend ruft der Esel, es ruft das Pferd, indem es wie der Hahn, den Hauptton der Kolloratur in die Länge zieht. Machtvoll ruft der Löwe, er erreicht den weitesten Abstand der beiden Töne.
Und es ruft der Mensch, nicht nur im Wald, in der Natur, sondern er ruft immer, geheim, und mit ihm alles Atmende, einatmend und ausatmend. Die ganze Natur, verborgen oder offen, ruft den Schrei des Kuckucks.
Der Kuckucksruf umschließt den Himmel und die ganze Erde. Abgestuft in unzähligen Variationen und mit Macht ruft der Donner. Der Wald und das Meer mühen sich im Rufen, halten mit Beharrlichkeit ihren Ton, - das Roggenfeld ruft mit dem Wind, der Roggen rauscht den ersten Ton, und der Wind flüstert den zweiten ins Ohr. Und die ganze Erde ruft unsagbar mit dem Licht des Tages und der nächtlichen Dunkelheit, mit Wärme und Kälte, mit Sturm und Stille. Und die Erde fliegt, sich hebend und senkend um die Achse des Kuckucksrufs, zusammen mit den großen und kleinen Himmelsgefährten, die alle den Kuckucksruf aufnehmen. Und für alles Bestehende liegt in diesem Ruf Leben und Tod: im ersten das Leben, im zweiten der Tod.

Der Sinn des Kuckucksrufs - das ist Tat und Ruhe, Kraft und Schwachheit, alles Geschehene von Anbeginn der Welt. Es ist die Welle, die sich in endlosem Wiederholen entfernt und in die Unendlichkeit mündet. Es ist die kürzeste, schönste und ergreifendste Formel unseres Daseins, und sie verheißt Hoffnung. Denn von den beiden Tönen des Rufes umschließt der erste eine fast unbegrenzte Kühnheit, der zweite Festigkeit ohne Schwanken.

Es gibt ein Kinderlied: "Dort unten am Fluß tönt es: "Kuku, kuku, kuku" ,und das Kind, das sich so freute, als es zum ersten Mal den Kuckuck hörte, kannte es und sang es ohne Worte; und von den drei aufeinanderfolgenden Kuckucksrufen in diesem Lied waren die beiden ersten die natürlichen Rufe, doch der dritte, letzte stieg ungewöhnlich hoch hinauf und klang aus in einem endgültigen Triumph. So offenbart sich in den Klängen eines einfachen Liedes der Sieg über das Ende einer endlos scheinenden Wiederholung. Und deutlich erkennbar ist der Weg zur Verklärung, zur Erhebung, zur Wiedergeburt vom Leben zum Leben.